Mit dem Motorrad in Südwestfrankreich und den Pyrenäen

Wolfgang Kühner

Scheuble & Baumgartner

Impressum

1. Auflage 1987
ISBN 3-924852-08-1

Druck: Oktoberdruck, Berlin
Satz: Satzinform, Berlin
Karten: Wolfgang Kühner
Übersichtskarte Seite 158, 159: Kartographisches Institut, Innsbruck
Fotos: Wolfgang Kühner
Foto S. 5: Peter Kinder, Hamburg
Fotos S. 78/79, 84/85, 92/93, 96, 99, 100/101, 108/109, 124/125, 131: Gerd Scheuble

Scheuble und Baumgartner
Verlag für Reiseliteratur
Elbestraße 28/29
1000 Berlin 44
Tel. 623 96 13

*Endlich ist es soweit:
Die Reise kann beginnen.
Wurde auch nichts vergessen?*

Inhalt

Nachdem das Motorrad gründlich überprüft wurde ...

... kann der langersehnte Urlaub beginnen.

Vorwort

Es wäre schlichtweg vermessen eine Landschaft wie die Pyrenäen, die sich über 400 Kilometer vom Mittelmeer bis hin zum Atlantik mit einer durchschnittlichen Breite von 100 Km erstrecken, in diesem Umfang ausführlich zu beschreiben. Dies soll auch nicht unbedingt der Sinn dieses Reiseführers sein, vielmehr möchte ich in diesem Rahmen Hinweise und Vorschläge für einen Trip zu den und durch die Pyrenäen vorstellen, d.h. ich möchte dieses Buch als Anreiz verstanden wissen und beschränke mich dabei auf spezielle Akzente für Motorradfahrer.
Dieser Gebirgszug hat es im wahrsten Sinne in sich, sprich Tourenfahrer kommen genauso auf ihre Kosten wie Off-Road-Freaks. Und genau darin liegt die Schwierigkeit, wem gerecht werden?
Die Endurofahrer mögen mir verzeihen, wenn ich ein Übergewicht in die Routen für Tourenfahrer gelegt habe, dennoch wird auch der Endurofahrer viele der vorgeschlagenen Strecken genießen. Andererseits fordert das Motorradfahren an sich zu eigenständigen Entdeckungsexkursionen auf.
In diesem Zusammenhang denke ich beispielsweise an den Pic du Canigou, einen der höchsten Berge der Pyrenäen, den ich zwar mit einer Tourenmaschine erklettert habe, was aber wirklich nicht nachahmenswert ist, da sich dieser "Buckel" nur über eine Schotterpiste und anschließend nur noch OFF-ROAD erklimmen läßt. Entsprechend lädiert endete dieser Trip.
In einem etwa dreiwöchigen Urlaub die ganze Region entdecken zu wollen, ist ein schlichtweg hoffnungsloses Unterfangen. Im Grunde genommen soll dieses Buch den Leser nur zu einer "Schnuppertour" verleiten, um einen ersten Eindruck dieser faszinierenden Landschaft zu gewinnen.
Dies ist auch der Grund, warum ich nur knappe Hinweise gebe, denn wahrscheinlich spiegeln ein paar Fotos mehr die Faszination dieser Landschaft besser wider.
So gesehen kann ich eigentlich nur noch einen Rat mit auf den Weg geben: "Sattelt die Hühner..."
Ansonsten wünsche ich allen Biker(innen)
Kopf hoch, die nächste Kurve kommt bestimmt!

Wolfgang Kühner

Nützliche Informationen

Ärztliche Versorgung

Für einen Urlaub in Frankreich genügt ein Auslandskrankenschein, der von den Krankenkassen ohne Schwierigkeiten ausgehändigt wird. Zwischen der BRD, Österreich, nicht aber der Schweiz, und Frankreich bestehen Sozialabkommen, die über Krankenschein kostenlose ärztliche Behandlung zusichern. Ansonsten gelten folgende Preise als Richtwerte für den Notfall:
Praktischer Arzt, pro Konsultation ab 80 FF
pro Hausbesuch ab 100 FF
Spezialist pro Konsultation ab 160 FF
Zahnarzt ab 80 FF

Auskunftsstellen

Französisches Verkehrsbüro, Direktion, Westendstraße 47, 6000 Frankfurt/M. 1, (069) 74 05 51

Ansonsten:

Berliner Allee 26, 4000 Düsseldorf (0211) 803 75/76
Kaiserstraße 12, 6000 Frankfurt (069) 74 05 51

Feiertage

Neujahrstag; 1.Mai; Christi Himmelfahrt; Pfingstmontag; 14.Juli (Sturm auf die Bastille); 15.August; 1.November; 11.November (Waffenruhe 1918) und erster Weihnachtstag

Reisezeit

Empfehlenswert ist die Vor- und Nachsaison bis Juni und dann wieder ab September. Der allgemeine Tourismus, verbunden mit der Hauptreisezeit der Franzosen, kann in einigen stark besuchten Ortschaften zu chaotischen Verhältnissen führen.
Zu beachten ist, daß einige Routen wegen der Wintersperren im frühen Frühjahr nicht befahrbar sind, einige Gebirgspässe weisen selbst bis Mai/Juni noch Schnee auf.
Eigentlich am schönsten ist eine Reise in die Regionen Südfrankreichs in den Monaten September und Oktober, nach dem Motto „man lebt wieder, der Rummel ist vorbei".

Geld und Devisen

Französische Noten und Münzen dürfen bei der Einreise in unbeschränkter Höhe, bei der Ausreise bis zum Gesamtbetrag von 5000 FF mitgeführt werden. Ausländische Banknoten, Reiseschecks, Kreditbriefe usw. können in unbeschränkter Höhe eingeführt werden: Deklaration erforderlich. Ausfuhr in Höhe der deklarierten Einfuhr. Zu beachten ist, daß bei Nichtdeklarierung der Geldmittel die Ausfuhr von Landes- und Fremdwährung nur bis zum Gesamtwert von 5000 FF gestattet ist. Der Rücktausch von FF in Auslandswährung ist nur bis zum Gegenwert von 5000 FF erlaubt.

Aufenthaltsbestimmungen

Deutschen, Schweizern und Österreichern genügt für einen Aufenthalt bis zu drei Monaten ein gültiger Personalausweis.

Geschäftszeiten

In Frankreich gibt es keine Ladenschlußgesetze. Viele Supermärkte haben bis 22.00 Uhr geöffnet, folglich kann eine Tour auch schon mal etwas länger dauern. Bäckereien und kleinere Lebensmittelgeschäfte haben auch sonntags bis etwa 12.00 Uhr geöffnet.

Post und Telefon

Folgende Gebühren gelten in Frankreich:
F - BRD: Karte FF 1.60, Brief FF 1.80
F - A: Karte FF 2.00, Brief FF 2.60
F - CH: Karte FF 1.60, Brief FF 2.10
Falls Postkarten rasch ankommen müssen, sollten sie in einen Briefumschlag gesteckt werden, da erfahrungsgemäß Briefe schneller befördert werden.
In Frankreich kostet ein Ortsgespräch 50 Centimes. Bei Auslandsgesprächen, die von jedem Postamt oder jeder Telefonzelle aus geführt werden können, gelten folgende Vorwahlen:
BRD 19 – 49
Österreich 19 – 43
Schweiz 19 – 41
Wichtig ist, daß nach der 19 erst das Freizeichen abgewartet werden muß, danach wählt man die Landesnummer und die heimatliche Vorwahl ohne die übliche Null.

Landkarten

Die Kartenskizzen in diesem Reiseführer geben einen ersten Überblick über die Routen, die vorgestellt werden. Für eine detaillierte Planung sind die Landkarten von der Firma Michelin im Maßstab 1:200 T zu empfehlen. Für diesen Reiseführer sind die Karten 74, 77, 81, 83, 85 und 86 relevant.

Als Übersichtskarte kann das Kartenblatt Nr. 901 im Maßstab 1:1 M des Institut Géographique Nationale zu Rate gezogen werden.
Wer es noch genauer nimmt und vielleicht wandern möchte, dem sei die Reihe IGN 1:100 empfohlen, soweit überhaupt noch Platz in den Gepäcktaschen ist. In Betracht kommen die Blattnummern 69, 70, 71, 72, 65, 59, 50. Man sieht, bei dieser Unmenge an einzelnen Blättern ist es natürlich ratsam, wenige Karten für ein spezielles Gebiet mitzunehmen

Fahrbestimmungen

Nationaler Führerschein und nationale Zulassung sind ausreichend, ein Nationalitätszeichen ist erforderlich. Mit dem amtlichen Kennzeichen ist zwar der Haftpflichtversicherungsschutz gewährleistet, jedoch ist die Mitnahme der Internationalen Grünen Versicherungskarte empfehlenswert.
Auf Autobahnen sind Gebühren zu entrichten. Man sollte möglichst Kleingeld in der Landeswährung für die Automaten bereithalten. Motorradfahrer müssen einen Schutzhelm tragen und auch am Tag mit Abblendlicht fahren. Beim Parken in den Städten ist zu beachten, daß entsprechend den Monatszeiten nur auf der linken oder auf der rechten Straßenseite geparkt werden darf (Hinweisschilder).

Geringfügige Pannen kann man bei der gepflegtesten Maschine erleben …

... im französischen Hinterland stehen oft die kleinen „Hinterhofwerkstätten" hilfreich zur Seite.

Höchstgeschwindigkeiten

Es gelten folgende Geschwindigkeitsbestimmungen: innerhalb von Ortschaften 60 km/h, außerhalb von Ortschaften 90 km/h, auf Straßen mit zwei Fahrspuren in jeder Richtung 110 km/h, auf Autobahnen 130 km/h (bei Nässe 80 bzw. 100 bzw. 110 km/h).

Pannen

Pannen kommen natürlich immer mal vor. Die französischen Motorradfahrer gelten allgemein als hilfsbereit. Zwar sind sie auch für ihren „halsbrecherischen" Fahrstil bekannt, aber im Falle des Falles sind auch sie bereit, in die Bremsen zu treten, um soweit wie möglich zu helfen. Bei einer Panne sollte man am linken Spiegel einen Schal oder ein Halstuch anbringen – diese Uralttradition als Pannenhinweis scheint unter Motorradfahrern wieder bekannter zu werden.

Die großen Motorradherstellerfirmen betreiben in Frankreich ein ausgedehntes Händlernetz und was noch wichtiger ist, scheinbar sind die Händler bereit, größere Mengen an Ersatzteilen an Lager zu halten. In der Hauptreisezeit der Franzosen kann es etwas problematischer mit den Werkstattka-

pazitäten werden, da die Monteure in dieser Zeit natürlich auch lieber das Strandleben genießen. Sehr hilfsbereit sind in der Regel die Betreiber der zahlreichen kleinen „Hinterhof"-Werkstätten, wie sie in Frankreich überall zu finden sind. Gerade kleinere Reparaturen übernehmen diese Betriebe, oft mit „Cycles" oder „Velos" gekennzeichnet, ohne größere Schwierigkeiten. Ein kleines Beispiel aus der Erinnerungskiste am Rande: Vor einigen Jahren mußte ich mit Hilfe eines Werkstattbesitzers einen demolierten Kurbelwellenstumpf aus einem Stück Stahl nachdrehen, polieren, auf die Welle aufschweißen und verschleifen. Sicher ein Provisorium, aber es hielt. Der Erfolg unserer Bemühungen wurde mit einem deftigen Umtrunk gefeiert, Geld wollte der Besitzer nicht haben.
Ansonsten leistet der T.C.F. (Touring Club de France) Pannenhilfe. Darüber hinaus bietet jener einen deutschsprachigen Informationsdienst, der unter folgenden Nummern zu erreichen ist:
Paris 16-1-500 42 95
Avignon 16-90-86 16 09 (Juni bis September)

Preiswert läßt sich in Restaurants speisen, die von LKW-Fahrern besucht werden.

URANT
CACOLAC
YAMAHA

Unterkunft

Camping

Der Urlauber hat in Frankreich kaum Schwierigkeiten, einen Campingplatz zu finden. Jedoch gibt es größere Unterschiede zwischen den einzelnen Plätzen was Ausstattung, Komfort und Lage betrifft. Entsprechend der Einteilung von Hotels werden auch die Campingplätze mit einem bis vier Sternen klassifiziert. Je mehr Sterne, desto besser die Versorgung mit Wasser und Beleuchtungsmöglichkeiten. Exakt bedeuten die Sterne:
Platz mit einem Stern: drei Duschen (oft nur kalt) und zwölf Waschbecken für insgesamt bis zu 100 Gästen
Platz mit vier Sternen: 12 Duschen (warm) und 16 Waschbecken für insgesamt bis zu 100 Gästen.
In der Hauptreisezeit empfiehlt sich für einen geplanten Küstenurlaub eine Standplatzreservierung, die zum Beispiel über den ADAC, Baumgartnerstr. 53, München 70, möglich ist.

Wildes Campen

Wild Campen ist in Frankreich offiziell verboten, wird aber in einigen Regionen dennoch stillschweigend geduldet. Nicht anzuraten ist es aber, an der Küste außerhalb von Campingplätzen zu campen, denn hier muß mit regelmäßigen Kontrollen gerechnet werden. Bedeutend einfacher ist es dagegen im Hinterland. Man holt sich die Erlaubnis des Bauern und kein Mensch wird sich daran stören. An dieser Stelle sei ein warnendes Wort gesagt. Südfrankreich wird beinahe jährlich von verheerenden Waldbränden heimgesucht, die oftmals von leichtsinnigen Touristen verursacht werden.

Refuges

Mit Refuges werden einfache und preiswerte Unterkünfte, besonders in einsamen Berggegenden zu finden, bezeichnet, die für Wanderer bestimmt sind, aber dennoch jedem zugänglich sind. Zur Grundausstattung gehören in der Regel Kocher und Matratzen. Für manchen Motorradfahrer bieten sie sicherlich nach einer langen Tour eine willkommene Abwechslung zum täglichen Zeltauf- und abbauen. Weitere Informationen sind bei folgender Adresse erhältlich:
Randonnées Pyrénées
4 Rue de Villefranche
09200 St Girons
Tel.: 66-02-19

Essen und Trinken

Wer den Raviolis auf dem Gaskocher überdrüssig ist und wieder einmal in einem französischen Restaurant essen gehen möchte, dem sei mit der Auflistung der wichtigsten Essensbezeichnungen geholfen, um sich auf der Karte zurechtzufinden.

Adobodi biou à la Camargnaise – Fleischspezialität aus der Camargue
Ailo – ölige, strenge Knoblauchsauce
Assiette anglaise – Teller mit verschiedenen Wurstsorten
Assiette pêcheur – diverse angemachte Fischarten
Blanquette de veau à la provençale – Kalbsragout mit heller Sauce, Möhren und vielen Gewürzen (herbes de Provence)
Boeuf à la Gardiane – Rindfleischtopf mit Gemüse (Camargue)
Bouillabaisse – Fischsuppe (Marseille)
Calamar (frité) – Tintenfische (fritiert)
Carré d'agneau – Lammrücken
Cassoulet – Bohnentopf mit Speck, diversem Fleisch (vorwiegend Hammel), Möhren und Lauch
Charcuterie – Aufschnitt
Coquillages – kalte, frische Meeresfrüchte
Côtelettes de veau – Kalbskotelett
Côtelettes d'agneau – Lammkotelett
Côtes de boeuf – Rinderkotelett
Côtes de porc – Schweinekotelett
Crêpes – eine Art Pfannkuchen mit süßen oder herben Füllungen
Crudités – gemischte Rohkost
Entrecôtes – Zwischenrippenstück (Rind)
Filet (de boeuf) – Filet (Rind, Ochse)
Fromage – Käse
Homard – Hummer
Hors d'oeuvre variés – Vorspeise gemischt (Wurst, Salat, Gemüse)
Huître – Austern
Jambon – Schinken
Lapin – Kaninchen
Loup – Wolfsbarsch
Moules (aux épinards) – Muscheln (in Spinat)
Oie – Gans
Pâté – Pastete
Pieds paquets – Innereien und Hammelpfoten, mit Knoblauch, Zwiebeln und Tomaten in Weißwein
Pigeon – Taube
Plat du jour – Tagesessen
Poulet – Hähnchen
Quiche Lorraine – Speck-Käse-Torte
Quillade – Gemüsesuppe mit Schinken und Bohnen
Ratatouille – Gemüseragout (Auberginen, Tomaten, Kürbis, Zucchini etc.)
Salade Niçoise – Salat mit Thunfisch, Tomaten, Gurken...
Sardinade – geröstete Sardinen
Saucisson – Salamiart
Saucisses – Würste
Soufflé – Auflauf
Poisson – Fisch
Thon – Thunfisch

XJ900

Rasten wie Gott in Frankreich

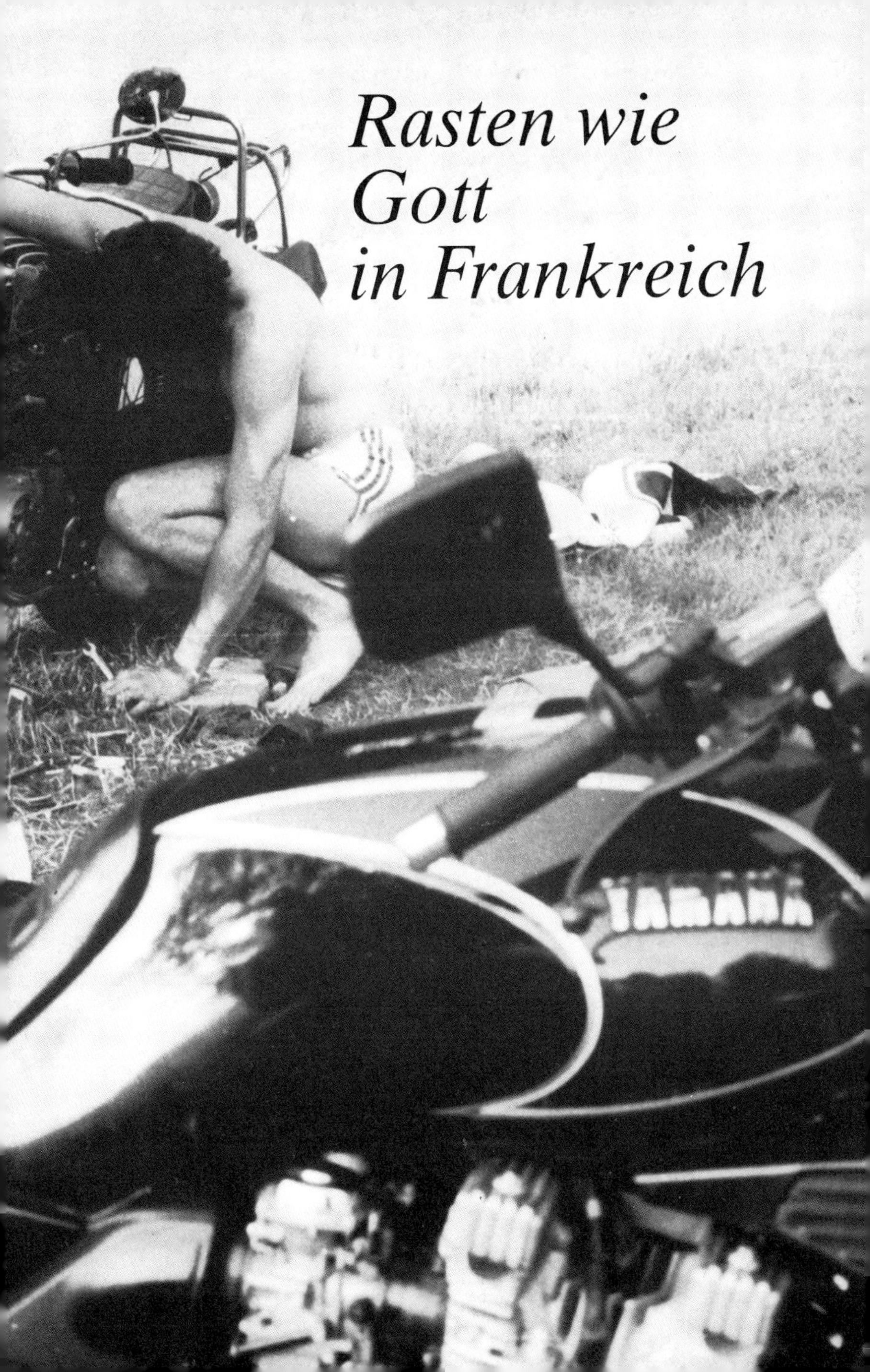

Truite – Forelle
Viande – Fleisch

Frankreich ist ein Weinland par excellence. Am häufigsten trinken die Franzosen den Vin rouge und den Rosé, weniger den Vin blanc (Weißwein). Beim Einkauf oder im Lokal sollte auf die Klassifikation geachtet werden.

Vin ordinaire – einfacher Tafelwein
Vin de Pays – Landwein, der eigentlich immer zu empfehlen ist
V.D.Q.S.-Weine – Weine, deren Herkunft kontrolliert wird, gehobene Qualität
A.C.-Weine (Appelation contrôlée) – nach dem Ursprung gekennzeichnete Weine mit sehr hoher Qualität

Wer nicht auf das Angebot im Supermarkt zurückgreifen möchte, kann sich bei Kooperativen oder den zahlreichen Weinbauern mit Wein eindecken. Man achte auf die Hinweisschilder:
Cave – Weinkellerei
Cave coopérative – Weinkeller einer Kooperative
Dégustation – Weinprobe mit Verkauf
Vente en detail – Einzelverkauf
Antialkoholiker finden in Frankreich eine Vielfalt an Sirup, Fruchtsäften (Juis de Fruit), Coke und vielem mehr. Wer sich für ein Tafelwasser entscheidet, muß folgendes beachten:
Eau minerale ist Mineralwasser ohne Kohlensäure, auch als „stilles Wasser" bekannt. Eau gazeuse dagegen ist vergleichbar mit dem uns bekannten Sprudel.

Das Café

Das Café ist ein Hauptbestandteil französischen Lebens. Hier werden Neuigkeiten ausgetauscht, Zeitungen gelesen oder rasch ein Café oder Apéritif getrunken. Die Croissants auf der Theke sind fast schon obligatorisch. Meist erhält man im Café auch ein Sandwich, ein 30cm-Baguette, das mit Schinken (jambon) oder Käse (fromage) belegt ist.

Der Café

Wer Kaffee bestellt, erhält einen „Petit Noir", ähnlich dem italienischen Espresso. Der „Grand Noir" beinhaltet gleiche Konsistenz, aber doppelte Menge. Die beiden letztgenannten werden mit Zucker, aber ohne Milch serviert. Sehr beliebt ist das Frühstücksgetränk der Franzosen, der „Café au lait". Dieser besteht zu gleichen Teilen aus heißer Milch und Kaffee.

Kleine Bergsträßchen verleiten zum „Dahintuckern".

ANFAHRT IN DIE PYRENÄEN

Achtung, Gegenverkehr!

Anfahrtswege

Ich habe mich bewußt auf "nur" zwei Anfahrtswege beschränkt, da diese nach langjährigen Erfahrungen den besten Kompromiß bilden. Wer nämlich mit dem "normalen" Urlaub auskommen muß und dementsprechend wenig Zeit zur Verfügung hat, wird wohl kaum unnötige Zeit bei der Anreise verplempern wollen.
Gemessen an dem was den/die Biker(in) erwartet und er/sie diese Region auch ein bißchen kennenlernen will, sah ich mich gezwungen, nur die beiden Anfahrtswege anzubieten - siehe dazu Karten und Beschreibung - sowohl in der Verbindung mit den Routen in meinen Buch *"Mit dem Motorrad in Südfrankreich"* als auch untereinander.
Aufgrund eigener Erfahrung würde ich die zeitraubendere Reise ab Valence mit dem Abstecher in die Ardèche, danach nach Carcassonne und weiter über Foix, Lourdes bis hin zum Atlantik als Anreisestrecke wählen. (siehe Karte!)
Auf dieser Strecke kommt man relativ flott voran und sie ist landschaftlich besonders reizvoll. Diese Route bietet spätestens zwischen Foix und Lourdes das erste Pyrenäen-Feeling. Hier sollte man sich nach einer mehr oder minder strapaziösen Anreise für ein oder zwei Tage auf die faule Haut legen, um Energie für die oft stressigen Pyrenäenetappen und Rundreisen zu tanken, die sehr lohnenswert sind, aber dennoch ganz schön an die Substanz gehen können.
Ist man schließlich, falls man dem Buchaufbau folgt, in Perpignan und am Mittelmeer gelandet, kann man sich noch einmal in den mediteranen Fluten erholen und über die Heimreise meditieren, wobei die von mir vorgeschlagene Route bis Basel ohne weiteres in ein oder zwei Tagen zu bewältigen ist.

VON BASEL ZUM ATLANTIK

BASEL - HOSSEGOR

Basel - Belfort - Besançon - Chalon - Lyon (oder Besançon - Lons-le-Saunier - Bourg-en- Bresse - Lyon) Valence - La Voulte - Privas - Aubenas - Alès - St. Hippolyte-du-Fort - Ganges - Lodève - Lunas - Bédarieux - St. Pons de Thomières - Caunes - Carcassonne - Limoux - Chalabre - Laroque d'Olmès - Foix- St. Girons - St. Gaudens - Montréjeau - La Barthe-de-Neste - Bagnères-de-Bigorre - Lourdes - Pau - Orthez - Peyrehorade - St. Vincent-de-Tyrosse - Hossegor
Streckenlänge: etwa 1200 km

Ganz eilige Motorradfahrer werden nicht ohne die nervtötende Autobahnfahrerei auskommen. Die schnellste Verbindung in den Süden beginnt vor Basel in Richtung Mulhouse. Die Autoroute A 36 führt nach Belfort und mündet nach Besançon in die A 6 in Richtung Lyon (die Fahrtrichtung Lyon ist bereits in der BRD gekennzeichnet, Mautgebühr).
Sehr große Zeitvorteile bringt diese Strecke allerdings nicht und kostet zudem Geld. Fast ebenso flott kann Lyon über eine andere Route angesteuert werden, die zudem in manchen Abschnitten landschaftlich sehr reizvoll ist.
Von Mulhouse verläuft parallel zur Autobahn die sehr gut ausgebaute N 83. Diese führt entlang des Flusses Doubs auf einem kurvenreichen Schluchtstreckenabschnitt nach Besançon. Hier zweigt die N 83 in südwestlicher Richtung nach Lons-le-Saunier und über Bourg-en-Bresse bis Lyon ab.
Von der deutschen Grenze sind es via Autobahn 370 km bis Lyon, via Ausweichroute, der N 83, die in ihrer ganzen Länge gut ausgebaut ist und zügiges Fahren zuläßt, sind es 330 km. Man sieht deutlich, daß die Autobahn keine großen Zeitvorteile bringt.
Die Stadt *Lyon* selbst bietet wenig Aufregendes und zählt nicht gerade zu den "Schönsten" unter Frankreichs Metropolen. Geprägt

wird das Stadtbild im wesentlichen durch Handel, Industrie und zahlreiche wissenschaftliche Institutionen. Lyon zählt zu den führenden Textilstädten und gilt als Zentrum der französischen Seidenindustrie. Naturgemäß findet man in Lyon ein Textilmuseum.

Der knapp über 80 km lange Streckenabschnitt zwischen Lyon und Valence ist recht reizlos. Gerade auf der N 7 kann es unter Umständen, aber besonders zur Hauptreisezeit im Juli und August zu chaotisch anmutenden Verkehrsverhältnissen kommen. Der Grund dafür liegt auf der Hand. So ist die N 7 eine der wichtigsten Nord-Süd-Verkehrsadern. Den Franzosen scheint die eigene Autobahn zu teuer sein, deshalb überlassen sie diese lieber freiwillig den Touristen und quälen sich alle auf der Nationalstraße. Da werden dann die tollsten Rennen ausgetragen, ein Zeitvertreib, der gerade unter LKW-Fahrern beliebt zu sein scheint, die diese Straße öfters mit einer Trucker-Rennstrecke verwechseln. So muß man sich als Motorradfahrer auf einiges gefaßt machen und mit der nötigen Umsicht die Kilometer abgrasen.

Dem Chaos kann man einigermaßen entgehen, wenn man in Valence auf die am rechten Ufer der Rhône verlaufende N 86 wechselt. Bis Le Pouzin läßt sich auf dieser schön gemächlich dahinchoppern. Nächste Station wäre *Privas*, ein Ort, den man auf der N 104 erreicht, die sich in angenehm zu fahrenden Kurven durch eine mittelgebirgige Landschaft schlängelt.

Fahrtechnisch gesehen wird die N 104 nun auf den nächsten 30 km bis *Aubenas* anspruchsvoller, die Straße ist recht gut ausgebaut und läßt eine flotte Gangart zu - ein Genuß für Kurvenfreaks. Etwa auf halber Strecke erreicht man den *Col de l'Escrinet* (787 m), der einen herrlichen Blick nach Westen auf die Ausläufer der Cevennen und nach Osten auf das Hochplateau Coiron bietet. Fotoapparat auspacken, es lohnt sich!

In Aubenas, einem Industrie- und Handelszentrum, orientiere man sich nach der D 104 in Richtung Ruoms. Kurz nach dem letztgenannten Ort zweigt die D 290 ab, die zur Gorges de l'Ardèche führt. An dieser Stelle möchte ich die Anfahrtsbeschreibung in die Pyrenäen zu einem zwei- bis dreitägigen Abstecher in die Region Ardèche und ihrer imposanten Schlucht unterbrechen. Getrost kann das “Moped“ irgendwo untergestellt, der Lenker für einige Zeit mit den Paddeln getauscht werden.

Vom Ablauf her könnte der Abstecher etwa wie folgt aussehen. In *Vallon-Pont-d'Arc* (das seinen Namen von dem natürlichen Brükkenbogen in der Ardèche-Schlucht hat) parke man an geeigneter Stelle die Maschine, die Bauern sind oft sehr entgegengkommend, und steuere einen Bootsverleiher an. Bei diesem sichert man sich ein

Kanu plus Plastiktonne (warum, siehe dazu den anschließenden Abschnitt) und starte zum Wildwasserabenteuer, das in *St. Martin d'Ardèche* endet, wo man den Kahn zurückgibt. Die Rückreise bis Vallon läßt sich problemlos per angehobenen Däumchen durchführen.

Auf der D 901 erreicht man über die Ortschaften Barjac und Bessas wieder die D 104, unsere Fortsetzungsstrecke in die Pyrenäen.

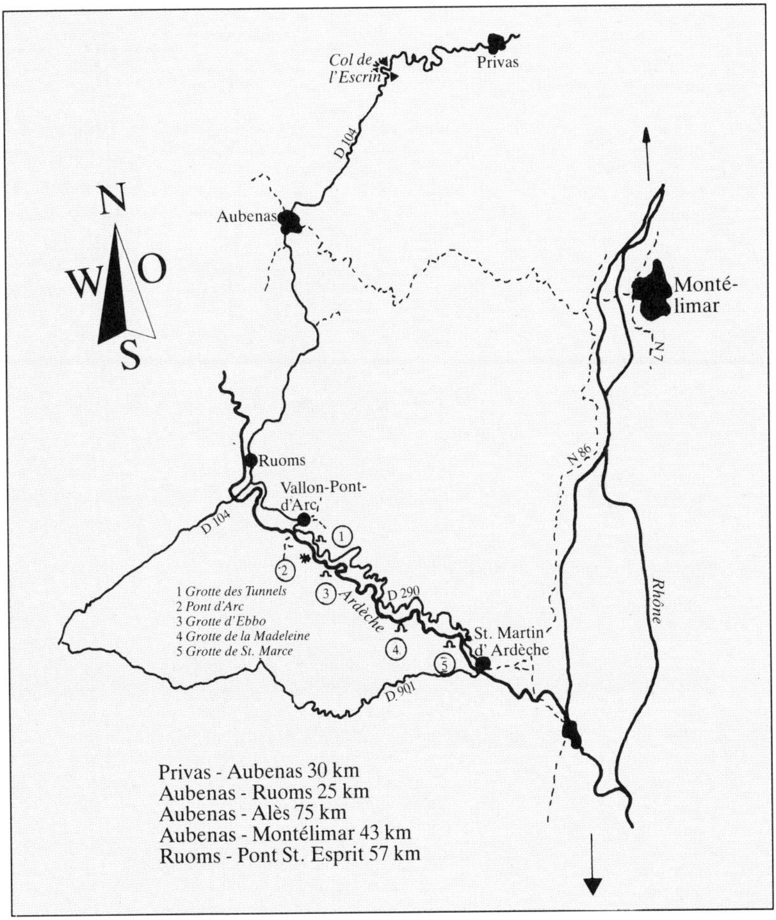

Yamaha TZR 250. Die totale Verflechtung
jahrzehntelanger Erfahrung mit modernster Technologie.
Das Geheimnis: die Leistungsfähigkeit.

YAMAHA
TZR
250
YAMAHA

ARDÈCHE

Die Gorges de l'Ardèche

Wie man bereits bei der Anfahrt von La Voulte über *Privas* (dem Verwaltungssitz des Departements Ardèche) feststellen konnte, ist dies ein landschaftlich sehr imposantes Gebiet, das sich zwischen dem Haut-Vivarais und dem Bas-Vivarais erstreckt.

Im Norden wird die Landschaft von Tannenwäldern, Weidegebieten, Viehzucht, Getreide- und Futteranbau beherrscht. Im Moyen-Vivarais, dieses Gebiet reicht vom mittleren Ardèche-Tal zur Rhône und vom unteren Eyrieux-Tal zum Coiron Plateau, findet man ausgedehnte Obstkulturen und Rinderzucht und auf dem Coiron- Plateau eine ausgesprochen kontrastreiche Landschaft vor.

Im Umkreis der Stadt *Aubenas* münden die wilden Täler der Cevennen, die durch ihre Unwirtlichkeit und die Abwanderung der Bevölkerung sehr dünn besiedelt sind. Besonders interessant ist die Flora, neben Weinstöcken und Kastanienbäumen gedeihen hier Pinien und Ginster.

Das Bas-Vivarais, der südlichste Teil des Departements Ardèche, ist eine stark zergliederte Kalklandschaft mit Maulbeerbäumen, Wein- und Lavendelanbau, in der ein Netz von unterirdischen Flüs-

Der Cañon der Ardèche – ein Paradies für Naturfreunde. Neben dem Kanufahren wird auch der Klettersport immer beliebter.

sen Stollen gegraben haben, die herrliche Grotten und Höhlen bilden.
Im Westen, im Forêt de Marzan, entspringt die Ardèche, die in ihrem Unterlauf Stollen und eine 37 km lange Schlucht, die *Gorges de l'Ardèche* und einen natürlichen Brückenbogen von 66 m Spannbreite gegraben hat. Hier liegt das eigentliche Ziel des Abstechers. Insider werden wissen, daß die Gorges de l'Ardèche einer der berühmtesten Cañons Frankreichs ist.
Türkisfarben schlängelt sich der Fluß mäanderförmig durch den Fels, in den das Wasser im Lauf der Jahrtausende Höhlen, Stollen und andere bizarre Formationen schuf. Die wahre Schönheit dieser Schlucht läßt sich allerdings nur durch einen Bootstrip erfahren, da die parallel verlaufende D 290 die Schlucht nur an einigen wenigen Stellen berührt. Und gerade was die Bootsfahrt anbelangt, liegt hierin die eigentliche Attraktion der Ardèche, denn Paddler bezeichnen diesen als Traumfluß gemeinhin. So ist es kein Wunder, wenn im Frühsommer und Sommer Heerscharen mit oder ohne Kanu bewaffnet zur Ardèche pilgern und vom Pont d'Arc durch die malerische Schlucht bis St. Martin paddeln.
Normalerweise fährt kein Biker mit einem Kajak im Tankrucksack spazieren, dennoch braucht er sich das Vergnügen einer Wildwasserfahrt nicht entgehen zu lassen, da

Provisorisches Lager im Cañon der Ardèche

es genügend Verleihstationen gibt. In Vallon sind es derer 13 und in St. Martin gibt es drei weitere. Ein Doppelkajak kostet pro Tag ca. 60 DM. Auf Wunsch bekommt man noch Plastiktonnen für den Schlafsack, Kocher etc. mit auf die Reise, da viele den Wassertrip in zwei Tage unterteilen, was auch ratsam ist, um die zahlreichen Eindrücke und Abstecher in die Höhlen genießen zu können.

Die günstigste Zeit für eine Wildwasserfahrt ist Mai und Juni, da in diesen Monaten der Wasserstand 1,5 m über dem Stand vom Sommer liegt. Das bedeutet aber auch, daß der Fluß erheblich reißender ist und ein wenig Erfahrung in dieser Sportart notwendig ist. Daher sollte man sich die schwierigen Stellen, wie z.B. den "Dent Noire" vorher genau ansehen und im Zweifelsfall das Boot schultern und herumtragen. Leider mißachten viele diese Vorsichtsmaßnahme und jedes Jahr ertrinken Menschen.
Wie schon erwähnt, lohnt es sich allemal den Trip auf zwei Tage zu verteilen und auf halber Strecke auf einer der zahlreichen felsigen Uferbänke zu übernachten: ein wildromantisches Erlebnis, das Gedudel des Kofferradios vom nebenanliegenden Wildwasserfreund, das gelegentlich vom Grunzen eines Wildschweines gewürzt wird, muß man in Kauf nehmen.

Zum anderen eignen sich die Uferbänke vorzüglich zu einem Picknick, dessen einzelne Gänge mit den urigsten Beobachtungen auf dem Fluß bereichert werden. Die unmöglichsten Schwimmunterlagen werden gesichtet, aber auch Wassersportler, die mit verbissenen Gesichtern mit den Elementen Wasser - Boot und umgekehrt kämpfen, wahrlich ein kurioses Schauspiel. Nebenbei kann man noch ein paar markige Flüche hinzulernen.
Auf halber Strecke entspringt eine der fünf Quellen, aus denen erfrischendes Wasser in die Ardèche sprudelt, die schönste, aber recht kalte Quelle ist die Source de Platane. Vor der Felsöffnung befindet sich ein kleines Bassin, das zu einem erfrischenden Bad einlädt.
Im Hochsommer ist die Ardèche durch den niedrigeren Wasserstand nicht mehr ganz so wild und gemütlicher zu befahren, man kann das fast Flußwandern nennen. Diese Zeit hat jedoch den Nachteil, daß die Ardèche hoffnungslos übervölkert ist. Von den annähernd 10000 zur Verfügung stehenden Booten sind bis zu 2500 auf der 37 km langen Strecke unterwegs. Ein kleines Rechenexempel: Nimmt man an, jedes Boot sei vier Meter lang, so ergibt dies aneinandergereiht eine Bootsschlange von 10 km, d.h. auf die Streckenlänge bezogen, trennen die Boote ganze 10 Meter.
So gesehen kann man den Witz, den sich die Einheimischen grinsend erzählen, gut verstehen, wenn sie meinen, daß sich in dieser Jahreszeit die Ardèche trockenen Fußes erwandern läßt, da man ja ohne weiteres von Boot zu Boot hüpfen kann. Das wiederum bedeutet, man sollte an der Einstiegsstelle erst einmal warten bis die davor gestartete Meute um die nächste Biegung verschwunden ist. Aber keine Sorge, irgendwo trifft man sie wieder, ob gestrandet, gekentert oder sonstwie.
Als Ausstiegsstelle bietet sich nach dem Zwei-Tages-Trip am besten der Strand von Sauze bei St. Martin an, denn von dort holen sich die professionellen Bootsverleiher ihre Kajaks wieder ab.
Wer in dieser Ecke Frankreichs noch etwas für seine Bildung tun will, kann das in *Maze*, einem Nachbarort von *Vallon*, tun, indem er die dortige Seidenraupenzucht, die Maganerie, die von Mitte Juni bis Mitte September geöffnet ist, besucht. Was es da zu sehen gibt? Ganz einfach.

Annähernd 10000 Boote stehen für eine 37 km lange Flußstrecke zur Verfügung.

In warmen, gutdurchlüfteten Schobern hausen die ausgebrüteten Raupen auf Häufchen von Maulbeerblättern und streiten sich ums Fressen. Wer seine Hörmuschel nahe genug hinhält, vernimmt das tausendfache rsch, rsch... der verfressenen Biester. Die Brut wird jeweils mit Datumsschilder versehen, da diese ungemein schnell wächst und bereits nach zwei Tagen erheblich dicker ist als die jüngeren Artgenossen. Nach einem ca. zwei Monate dauernden Galadiner beginnt sich die Raupe in einen Seidenkokon einzuspinnen. Die Schmetterlinge, die sich darin entwickeln, werden bis auf einige Zuchtexemplare vergast, da sie ansonsten beim Ausschlüpfen den Kokon zerstören würden.

Bekanntermaßen stammt die Seidenraupenzucht aus China und wurde im 16. Jhd. in Südfrankreich eingeführt. Es war eine höchst arbeitsintensive Saisonarbeit, da die Biester eine Unmenge an Blättern fressen. Um fünf Kilo Seide zu gewinnen, waren fast eine Tonne Futter notwendig. Das Ende der Seidenraupenzucht kam 1851, als eine Seuche die Zuchten dahinraffte, die zwar dank Pasteur besiegt werden konnte, aber mittlerweile begann im Rahmen der industriellen Revolution die Landflucht und die Zuchtanstalten verwaisten. Hinzu kam die Eröffnung des Suezkanals, der die Einfuhr billigerer Seide aus China und Japan ermöglichte und die hiesigen Betriebe unrentabel machte.

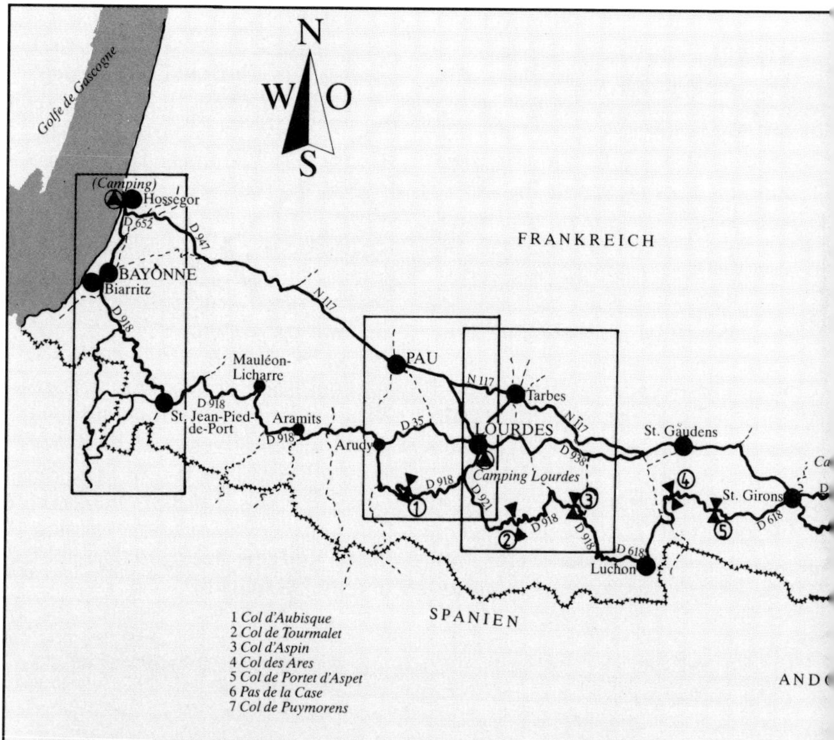

Valence - Alès 144 km
Alès - Ganges 35 km
Ganges - St. Pons-de-Thomière 124 km
St. Pons-de-Thomière - Carassonne 63 km
Carcassonne - Limoux 23 km
Limoux - Foix 73 km
Foix - St. Girons 44 km
St. Girons - St. Gaudens 28 km
St. Gaudens - Tarbes 60 km
Tarbes - Pau 39 km
Pau - Atlantik (Hossegor) 128 km
Bayonne - St. Jean-Pied-de-Port 34 km
St. Jean-Pied-de-Port - Mauléon-Licharre 40 km

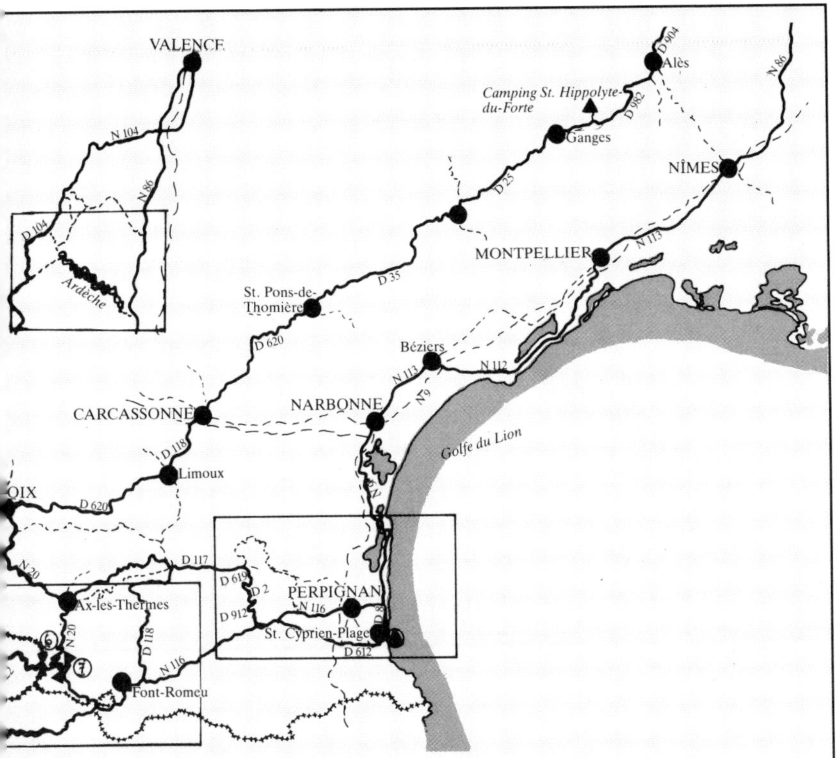

Mauléon-Licharre - Aramits 27 km
Aramits - Arudy 37 km
Arudy - Lourdes via D 35 40 km
Arudy - Lourdes via D 918 62 km
Lourdes - Luchon via Bagnères 95 km
Lourdes - Luchon via Col du Tourmalet 127 km
Luchon - St. Girons 96 km
St. Girons - Foix via D 618 75 km
Foix - Ax-les-Thermes 69 km
Ax-les-Thermes - Perpignan 163 km
Perpignan - Narbonne 58 km
Narbonne - Béziers 27 km
Béziers - Montpellier 58 km

Von der Ardèche zu den Pyrenäen

Nach diesem Abstecher kehren wir wieder zurück auf die D 104, die später D 904 heißt, jedoch gestalten sich die folgenden 74 km bis *Alès* nicht besonders aufregend. Die Straße schlängelt sich gemütlich auf und ab durch eine abwechslungsreiche Landschaft am Fuße der Cevennen, sie ist eher zum gemütlichen Bummeln geeignet. Vor allem die letzten 20 km von *Ambroix* bis Alès auf der D 904 sind besonders unattraktiv, aufgrund ihres großzügigen Ausbaus eignen sich diese mehr zum Dahindüsen.

Wenige Kilometer vor St. Ambroix sollten die „Höhlennarren“ unter den Bikern eine Besichtigungstour wagen. Eine der schönsten Tropfsteinhöhlen Südfrankreichs liegt unmittelbar an der Strecke, die *Grotte de la Cocalière*, die von der D 904 an ausgeschildert und in wenigen Minuten zu erreichen ist.

Man muß sich einer Führung anschließen, die nicht immer an eine feste Zeit gebunden ist und meist nur bei genügend Nachfrage durchgeführt wird. Das 1 1/2 stündige Vergnügen kostet 25 Francs, die sich aber unbedingt lohnen, zumal am anderen Ende der Grotte einige Gräber samt Knochen freigelegt wurden.

Geheimnisvolle Natur! Immer wieder stößt man auf die sonderbarsten Felsformationen.

Da die Grotte eine Einbahnstraße ist, landet man natürlich genau am anderen Ende. Aber keine Panik, ein neckisches Bähnlein ohne Stoßdämpfer karrt die Besucher, besser gesagt, schüttelt sie zurück zum Ausgangspunkt.

Alès selbst ist keine Stadt zum Verweilen, lohnt bestenfalls für die Zeit einer kurzen Erfrischung, läßt aber auf der anderen Seite schon ein totales Mittelmeer- oder Camargue-Feeling aufkommen, denn hier überquert man den Gard und das sich südöstlich ausbreitende Schwemmland dieses Flußes. Nach den Cevennen-Tälern, die doch etwas schattig sind, wird es zunehmend wärmer, was natürlich auch an der Vegetation sichtbar ist.

Nach diesem Verkehrsknotenpunkt, genau zwischen der Camargue und den Cevennen, fährt man ca. fünf Kilometer auf der N 110 in Richtung Montpellier, um dann auf die D 910 in Richtung *Anduze* einzubiegen. Hier wird es nach dem Verkehrsgetümmel auf der Route National sehr viel beschaulicher und man hat Platz zum gemütlichen Motorradfahren.

Das gilt gleichermaßen für die Fortsetzung nach Anduze, wo man kurz auf der D 907 in Richtung *Lédignan* fährt, um kurz danach auf die D 982 einzubiegen und das verträumte Nest *St. Hippolyte-du-Fort* ansteuert.

Die Folgestrecke bietet erste Cevennen-Eindrücke, denn man fährt stellenweise an eindrucksvol-

Die Kirschen hängen am Wegesrand

len Felsrampen und Gebirgsstöken entlang. Wer in dieser Gegend nächtigen möchte, dem sei der Camping- Platz St. Hippolyte-du-Fort empfohlen, denn dieser scheint die Auswirkungen des Massentourismus nicht zu kennen. Die Anlage des Platzes ist sehr ungewöhnlich, sie erinnert mitunter an die Platanenalleen von Aix-en-Provence. Das Areal ist so groß wie zwei aneinander geschachtelte Fußballplätze und hat den Vorteil, daß man sich kaum auf der Pelle sitzt und somit die vermeintliche Nachtruhe genießen kann.

Trotzdem gibt es an diesem Örtchen einige Störenfriede inmitten der Igluwohnzimmeratmosphäre. Es sind Unmengen an glitschigen, vierbeinigen Zeitgenossen, gemeinhin bekannt als Frösche und Kröten, die im angrenzenden Tümpel, der am Ufer mit Schilf gesäumt ist, ihr abendliches Konzert veranstalten, bei dem es Karajan den Taktstock aus der Hand schlagen würde.

An diese Art von Lärm gewöhnt man sich indessen schnell und er wird durch die niedrigen Preise - eine Übernachtung kostet umgerechnet 5 DM pro Mann/Frau, Zelt und Motorrad - bei weitem wiederaufgewogen, die sanitären Anlagen sind ausgesprochen ordentlich.

Weiter geht die Reise auf der D 999 bis zur 13 km entfernten früheren Seidestadt *Ganges*. Das Landschaftsbild ist auch hier vom hellen Kalkgestein der Felsen bestimmt. Und wem es hier die Socken gelöchert hat und in dem Moment an Neuanschaffung denkt, sollte es hier tun. Im Ort sind ein halbes Dutzend Fabriken ansässig, die sich vorwiegend mit der Herstellung von selbigen Kleidungsstücken befassen.

Wie so oft im Süden Frankreichs ist auch hier nicht etwa das Rathaus oder die Kirche das Zentrum, sondern der überdachte Bouleplatz, jene Stätte des südfranzösischen Nationalsports, der hier wie andernorts zu allen möglichen und unmöglichen Zeiten ausgeübt wird.

Nach Ganges führt die D 25 auf 51 km zum traditionsreichen Tuchmacherstädtchen *Lodève*, eine Strecke, die ihre Tücken hat, denn in ihrem Verlauf wechseln heimtückische Kurven mit Misthaufen und höchst abwechslungsreichen "Straßenbelag". Vorsicht ist geboten!

Ähnliches gilt für die Folgeroute, die D 35, über Lunas nach *Bédarieux*, einem altehrwürdigen Spinnerei-, Weberei- und Tuchmacherstädtchen. Die folgenden 40 km auf der D 908 von Bédarieux über Olargues bis nach *St. Pons*, wo man auf die N 112 trifft, die Verbindung Béziers - Toulouse, bietet bezüglich der Straßenbeschaffenheit nicht viel besseres. Die Campingplätze, die an dieser Strecke liegen, zeichnen sich nur durch ihre miserable Qualität aus. Auf der anderen Seite garantiert der ausgesprochen geringe Verkehr ein genußvolles Fahren.

Nun sollte man von St. Pons aus ein paar Kilometer auf der N 112 in Richtung Toulouse fahren, um danach mit etwas Spürsinn die D 920 in Richtung Caunes zu erschnüffeln, die danach in die D 620 bis hin nach Carcassonne übergeht.

Gerade auf den ersten 47 km lacht das Motorradfahrerherz, denn es wird geboten, was man sich in der Regel erträumt: fast kein Verkehr, ein griffiger Straßenbelag und Kürvchen an Kürvchen. Bei zügiger Fahrweise bleibt der Reifen vom Rechteckprofil verschont!

Auf diesem Abschnitt kann man sich mit den notwendigen Vitaminen reichlich versorgen, da die Straße von Tausenden von Kirschbäumen gesäumt ist, die man beinahe im Fahren abernten kann, wenn man mit offenem Mund vorbeifährt.

In *Carcassonne* angekommen, kann man getrost die Ville Basse (Neustadt) links liegen lassen und sich voll auf die Cité konzentrieren. Wer dieser Anlage keinen gebührenden Besuch abstattet, macht sich einer sträflichen Sünde schuldig, da es sich hier um eine der schönsten mittelalterlichen Befestigungsanlagen handelt.

Carcassonne - eine geschichtsträchtige Stadt

Bekanntermaßen verzichte ich auf ausführliche Städtebeschreibungen und der Auflistung der Todestage von Ludwig dem X-ten, denn dazu gibt es regalweise Material zum Lesen. Aber wie dem nun mal so ist, Ausnahmen bestätigen die Regel und die gilt in diesem Falle für Carcassonne.

Denn an dieser Stadt, respektive der Cité, trotz dem unausstehlichen "Touristenrummel" einfach vorbei zu stolpern, wäre ein Skandal. Schließlich gilt die Cité als eine der schönsten und best erhaltensten Befestigungsanlagen des Mittelalters.

Auch hier hatten wieder einmal die Römer die Hände im Spiel. Sie gründeten 46-30 v. Chr. auf dem am rechten Ufer der Aude gelegenen Hügel eine Militärsiedlung namens Colonia Julia Carcaso, deren Aufgabe es war, den Übergang über die Aude zu sichern.

Möglicherweise existierte bereits sehr viel früher eine Ansiedlung auf diesem Hügel. Dank seiner günstigen strategischen Lage haben es die Menschen immer geschätzt, zwischen dem "schwarzen Berg" im Norden und den "Razes" im Süden den Durchzug der Heere und die Durchfahrt der Händler auf dieser Straße, die den Atlantik mit dem Mittelmeer verbindet, zu überwachen.

Ausgrabungen belegen die mögliche Existenz einer Siedlung aus dem neunten Jhd. v. Chr. Soweit beweisbar, trieben die zu diesem Zeitpunkt hier ansässigen Bewohner Handel mit den Phöniziern und später mit den Griechen.

Mehr oder minder nachvollziehen läßt sich die wechselvolle Geschichte Carcassonne's erst nach der Gründung durch die Römer, eben jenem Castellum Carcaso, das in seinen Anfängen nur dürftig befestigt war. Die Befestigungsanlagen dienten jedoch nur mehr dem Schein, da in diesem Zeitraum sämtliche Städte durch die Pax Romana entwaffnet worden waren. Das änderte sich schlagartig, als im dritten Jhd. die Barbaren die Reichsgrenzen am Rhein und an der Donau überschritten und ihre umherziehenden Völker gen weströmisches Reich zogen.

Erst jetzt wurde zum Schutz der Kolonie eine von Türmen flankierte Stadtmauer errichtet, die im westlichen Teil der heutigen Innenstadt entspricht. Die so befestigte Stadt war mit vier Toren und 30 Türmen gallo-romanischer Bauart gesichert, nach außen rund und zur Stadtseite hin viereckig. Ob es den Barbaren gelang, die Stadt einzunehmen oder ob sie an ihr vorbeizogen, ist bis dato nicht ganz geklärt.

Damit man sich eine Vorstellung machen kann, welch gewaltiges

Legende zur Cacassonne-Karte

1+2	Türme des Narbonne-Tor
3	Schatzturm
4	Mühlenturm
5	Turm de la Marquière
7	Rodeztor
8	Turm de Samson
9	Mühlenturm
10	Platz eines galloromanischen Turms
11	Turm der Zimmerei
12	Kapellturm
13	Turm Pinte
14	Ausfalltor Pinte
15	Justizturm
16	Audetorrium
17	Ofenturm St. Nazaire
18	Bischofsturm (rund)
19	Bischofsturm (eckig)
20	Turm Cahuzac
21	Turm Mipadre
22	Turm der südlichen Mühle
23	Turm und Tor St. Nazaire
24	Turm St. Martin
25	Ab in den Knast (Gefängisturm)
26	Turm de Casteras
27	Turm du Plo
28	Turm de Balthazar
29	Turm de Davejean
30	Turm St. Laurent
31	Turm du Trauquet
32	Turm St. Sernin
33-41	Grafenschloß
33	äußere Umfriedung
34/35	„Empfangstürme"
36	Kasernenturm
37	Turm du Major
38	Treppenturm
39	Pulverturm
40	Turm St. Paul
41	große äußere Umfriedung (zerstört)
42-61	Die Außenmauer
42	Narbonner Tor
43	Umfriedung St. Louis
44	Turm de Bérard
45	Turm de Bénazet
46	Turm Notre-Dame
47	Turm de Mourétis
48	Eiskellerturm (für die Cocktails)
49	Turm vorm roten Tor
50	Ausguck
51	Turm des kleinen Canissou
52	Turm des großen Canissou
53	Turm des großen Burlas
54	Turm d'Ourliac
55	Umfriedung St. Nazaire
56	Ausfalltor Razes
57	Turm Cautière
58	Turm Pouléto
59	„Krähennest"
60	Turm de la Vade (Wachtturm auf provenzialisch)
61	Turm de la Peyre
P1	Place du Château
Ps	Place Marcou
P3	Place St. Nazaire
C1	Chateau cour d'honneur
C2	Kathedrale

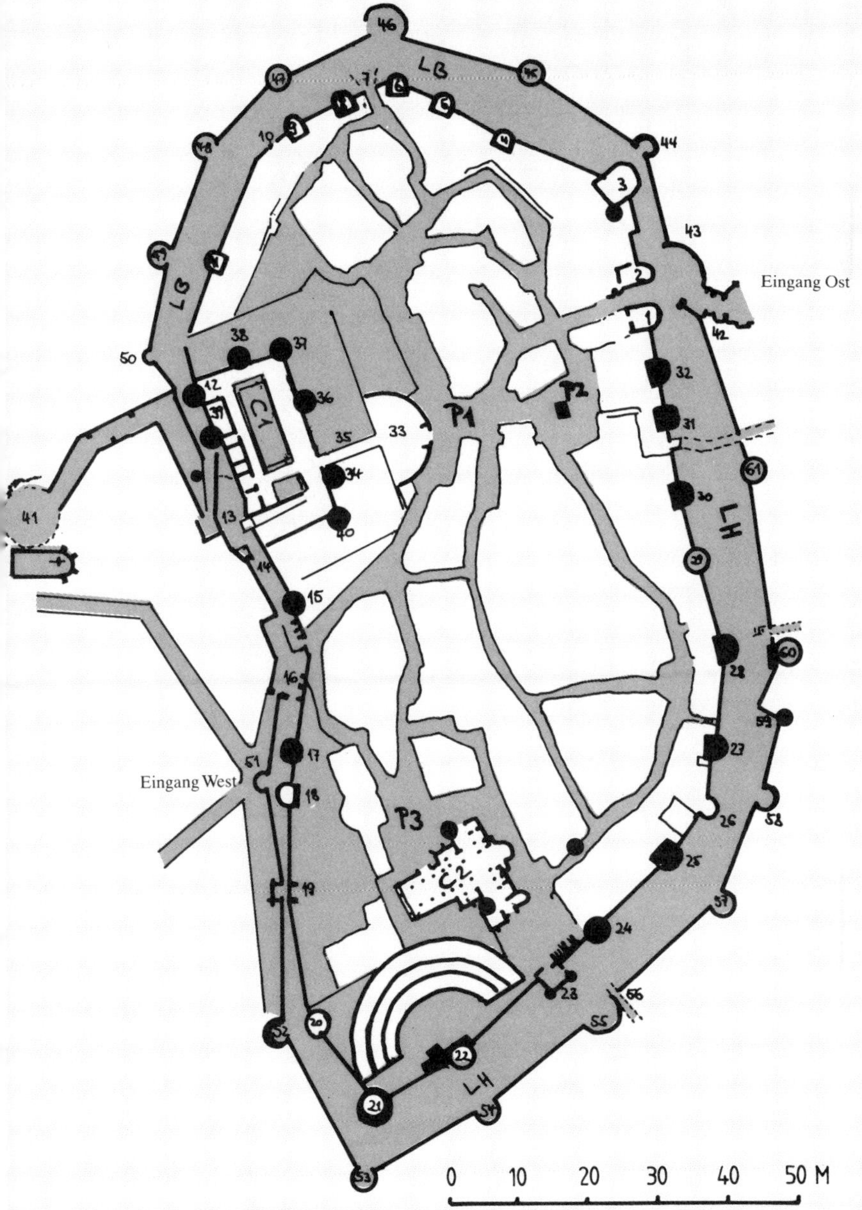

Eingang Ost
Eingang West
LB
LG
LH
P1
P2
P3
C1
C2
0 10 20 30 40 50 M

Baumonster diese Stadt war, folgende Erläuterung: Die 30 Türme, die je nach Gelände in Abständen von 15 bis 35 Metern errichtet wurden, sind durch sieben bis acht Meter hohe Zwischenwälle (Zinnen und Zacken nicht mit inbegriffen) miteinander verbunden, die je nach ihrer Höhe 2,20 bis 3,90 m dick sind. Interessant ist auch das Innere dieser "Türmchen", bis zum Rundgang gab es gar nichts. Der sogenannte erste Stock hatte jeweils eine Tür zum Zwischenwall sowie drei Fenster, die jeweils mit herrlichen Rundbögen ausgestattet sind. Das oberste Stockwerk war nur über eine einzige Leiter erreichbar und konnte somit gegen eindringende Bösewichte abgeschottet werden.

Im Jahre 412 gelang es den Westgoten die Stadt relativ unversehrt einzunehmen. In wilden Schlachten verprügelt Clovis hundert Jahre später die Westgoten ganz fürchterlich, es gelingt ihm jedoch nicht die Stadt einzunehmen, die dadurch die sogenannte "Septimania" (Gard-Herault, Aude, Pyrénées- Orientales) behält. Im Jahre 711 überfallen jedoch die Sarazenen Spanien und dringen bis Carcassonne vor, das sie 725 einnehmen.

Danach versuchten die Franken unter Karl dem Großen, respektive unter seinem Vasallen Pipin dem Kleinen, im Jahre 750, nachdem die Araber von Karl Martell bei Poitiers vernichtend geschlagen und bis Spanien zurückge-

Blick auf die gewaltige Stadtmauer von Carcassonne

drängt wurden, jedoch die Stadt weiterhin hartnäckig hielten, diese einzunehmen. Die Franken waren jedoch nicht auf Anhieb erfolgreich. Aus diesem Feldzug stammt die Legende, nach der die Stadt ihren heutigen Namen erhalten haben soll.

Der in der Stadt als vorgeschobener Posten des Islam weilende König wurde, nachdem die Lage durch die Belagerung immer verzweifelter wurde, bei einem Ausbruchsversuch schwer verwundet und all seine Ritter erschlagen.

Da war guter Rat teuer und es konnte nur noch List und Tücke helfen, die seine Angetraute, die Edelfrau Carcas, ersann. Zuerst ließ sie sämtliche verfügbaren Strohpuppen in die Rüstungen der gefallenen Krieger schlüpfen und diese hinter den Zinnen aufstellen. Danach wurden alle Greise, Kinder und was sonst noch laufen konnte mit kriegerischer Mode ausgestattet und bekam den Befehl von Turm zu Turm zu rennen, um eine Irrsinnsstreitmacht vorzutäuschen.

Der eigentliche Clou war aber der, daß sie ein Schwein requirierte, dieses mit dem letzten Korn, was noch vorhanden war, vollstopfte, um es anschließend über die Mauer zu werfen. Dies bekam dem armen Tier gar nicht gut und es platzte. Die Belagerer staunten nicht schlecht und zogen daraus den Schluß, daß die Belagerten noch über soviel Vorräte verfügten, daß sie gar ihre Schweine mit Korn füttern konnten. Doch trotz der gelungenen List war die Edelfrau in einer verzweifelten Lage, deshalb ließ sie die Glocken zu Friedensverhandlungen läuten (sonner = läuten). Die Stadt sollte von nun an Carcas-Sonne heißen.

Somit kam Carcassonne in den Machtbereich der Karolinger, einer der fränkischen Führer erhielt das Land und wurde erster Graf von Carcassonne. Später wird dieses Lehen den Grafen von Barcelona zugeteilt, welche aber alsbald von den Vizegrafen von Béziers und Trencavel aufs Kreuz gelegt werden. Jenen gelingt es die Herrschaft zu übernehmen.

In dieser Zeit entsteht das Grafenschloß und die romanische Kirche St. Nazaire wird geweiht. Im zwölften und 13. Jhd. verbünden sich die Grafen Trencavels mit den Grafen von Toulouse, die der Katharerbewegung angehörten, bekannt auch unter dem Namen Albigenser-Bewegung. In den Augen der weltlichen und geistlichen Macht waren diese Albigenser gefährliche Leute, die ihre Autorität in Frage stellten und somit als Ketzer verfolgt wurden. Es kam zu grausligen Kämpfen um Toulouse und Carcassonne.

Mal wurde die Stadt von Königstruppen, mal von den ketzerischen Grafen in Besitz genommen. 1240 startete der letzte Trencavel den Versuch Carcassonne zurückzuerobern und beschwor damit den unbändigen Zorn Ludwig's des Heiligen herauf, der

mit seinen Entsatztruppen die Belagerung zerschlug, im gleichen Atemzug die Einwohner ächtete und die Stadt dem Erdboden gleichmachte.
1247 erlaubt Ludwig IX. den Einwohnern, sich am linken Ufer niederzulassen, an Stelle der heutigen Unterstadt. Gleichzeitig veranlaßte er und später sein Sohn Philipp III. den Aufbau der zerstörten Stadt. Die Befestigungsanlagen wurden durch einen weiteren, äusseren und niedrigeren Wall um die ganze Festung ergänzt und mit Zacken und Huirdengalerien versehen. Weiterer Bestandteil der Verteidigungsanlage waren kleinere Türme, die zum Inneren der Festung offen waren, und gewaltige hohe Türme, die in sich geschlossen als eigene Bollwerke dienten. Sinn und Zweck dieser Anlage war es, potentiellen Eindringlingen in den Rücken zu fallen.
Durch den Bau zweier Wälle, die dem Feind ein nur stark eingegrenztes Operationsfeld bot, war die Stadt fast uneinnehmbar geworden. Von nun an diente Carca sonne als Verwaltungs- und Garnisonssitz.
Die militärische Bedeutung als Grenzfestung verlor die Stadt mit dem Pyrenäenfrieden im Jahre 1659, als der nördlich der Pyrenäen liegende Teil Roussillons endgültig dem Königreich Ludwig XIV. einverleibt wurde. Ab dato hatten die städtischen Denkmalpfleger keine Lust oder kein Geld mehr, die Stadt zu erhalten und sie zerfiel zusehends. Hinzu kam, daß die Bewohner der Unterstadt sich mit Baumaterial aus der Cité eindeckten. Dies führte soweit, daß man über den totalen Abbruch nachdachte. Gott sei Dank trat im Zuge der Vergangenheitsentdekkung und der Restaurationsbegeisterung jener berühmte Generalinspekteur Prosper Merimée auf den Plan und beauftragte den bekannten Restaurator Viollet le Duc mit dem Wiederaufbau der Cité, an der heute noch gebastelt wird.

Von Carcassonne in die Pyrenäen

Nach dieser mittelalterlichen Besichtigungstour ergreife man flugs auf der D 118 die Flucht nach Süden entlang der jungfräulichen Aude bis hin zum freundlichen Kleinstädtchen *Limoux*, in dem sich herrliche Arkadenhäuser um einen hübschen Marktplatz gruppieren. Zum Teil ist diese Stadt noch mit der Stadtmauer aus dem 14. Jhd. umgeben, aus der gleichen Epoche stammt auch die wunderschöne Brücke über die Aude.

Es ist nicht unbedingt empfehlenswert, von hier weiter der D 118 in Richtung Süden und später in westlicher Richtung zu folgen, da diese Strecke stark frequentiert ist und somit für Motorradfahrer nicht allzuviel hergibt. Vielmehr sollte man auf die sehr viel beschaulichere Parallelstrecke, die D 620, in Richtung *Chalabre* ausweichen. Hier herrscht sehr wenig Verkehr und die Route führt durch eine reizvolle und abwechslungsreiche Landschaft. Der Fahrbahnbelag ist nicht unbedingt der Beste, aber dennoch brauchbar.

Die nächste Station ist das verschlafene Nest *Laroque d'Olmes*, wo man auf die D 1 in Richtung Foix trifft. Der Streckenabschnitt bis Foix hat es in sich, die Straße ist stellenweise recht eng, kurvig und

Auf den Nebenstrecken entdeckt man oft reizvolle kleine Städtchen

in einem miserablen Zustand. Zudem muß man höllisch aufpassen, ansonsten ist die Gefahr groß, daß man eine Ziege überfährt, und das lieben verständlicherweise die hiesigen ärmlichen Bauern nicht.
In *Foix* selbst muß man den Fotoapparat auspacken, es gibt einiges, was es festzuhalten gilt. Foix im Tal des Ariège war im Mittelalter die Hauptstadt einer mächtigen Grafschaft, die dem Königreich Frankreich gegenüber lange ihre Selbständigkeit behauptete. Das Stadtbild wird von den charakteristischen drei Türmen des Grafenschlosses, welches auf dem Felsen thront, total beherrscht. Daneben herrscht ein heilloses Durch- und Nebeneinander mittelalterlicher Enge und renommiersüchtiger Größe des 19. Jhd.
Wer etwas für seine Bildung tun will, im Schloß befindet sich ein beeindruckendes Museum mit Sammlungen zur Lokalgeschichte, unter anderem auch von den wilden Prügeleien aus der Katharerzeit. Täglich werden mehrere Führungen durch das Schloß veranstaltet, die jedoch sehr anstrengend werden können, da das hiesige Französisch selbst unter Aufbietung aller sprachlichen Fähigkeiten kaum verständlich ist.
Wer zur Abwechslung ein paar Klamotten gebrauchen kann, der sollte die Käufe hier tätigen, da die Stadt eine ausgedehnte Textilindustrie beherbergt.
Von Foix nach *St. Girons* empfiehlt sich die D 117, die nach dem Ortsausgang in einigen engen Kurven den Biker über die Stadt lupft und danach fast einer Schnellstraße ähnelt, das heißt recht flott abzuraspeln ist. Nach ca. 20 km erreicht man das verschlafene Dorf *La Bastide-de-Sérou*.
Wer in dieser Region die Dackelgarage auspacken will, sprich übernachten will, dem sei ein höchst origineller Campingplatz etwa fünf Kilometer nach der Ortschaft empfohlen. Ihn findet man nicht leicht, denn das handgemalte Schild in der Größe eines Nummernschildes ist leicht zu übersehen.
Dieser Wahnsinnscampingplatz hört auf den stolzen Namen Aire Naturelle Camping Segalas (letzteres ist der Name der Ortschaft, sie besteht aus zwei Häusern, zwei Hunden und sonstigem Getier).
Originell ist der Platz schon deshalb, weil man ihn, wie bereits erwähnt, kaum findet, und wenn doch, so steht man plötzlich vor einem Gemäuer, das in seiner Anlage ein Zwischending von Ruine und heillos unaufgeräumten Bauernhof gleicht.
Nichtsdestotrotz besitzt der Platz ungeahnte Qualitäten, da das in Terrassen angelegte Areal maximal 20 Minizelte und zwei Wohnwägelchen unter Obstbäumen beherbergen kann. Es handelt sich hier um den Garten des Gutshofes, der gleichzeitig noch über einen Minigemischtwarenladen verfügt.
Die Besitzerin ist ungemein freundlich und hält im hauseige-

nen "frigidaire" alles parat, was nach einer längeren Fahrt vonnöten ist, ein kühles Bier, Wein... und dies zu vernünftigen Preisen. Übrigens sind auch DM gern gesehen, da die Gutsherrin einen Enkel in Deutschland damit versorgt.

Ein weiterer Vorteil ist der Speisesaal, genauer gesagt zwei überdimensionale Garagen, die mit Tischen und Stühlen ausgestattet sind. Man braucht zur Abwechslung das Abendessen nicht im Gras sitzend einzunehmen, eine Wohltat für die geplagte Rückenmuskulatur. (Adresse: Madame Denis Soula, Segalas bzw. La Bastide-de-Sérou, Tel: (16) 61645149

Zur Rennstrecke D 117 bis *St. Girons* bleibt nichts weiter zu sagen, die sich im übrigen bis Salies-du-Salat in ähnlicher Manier präsentiert. Noch schlimmer wird es in Richtung *St. Gaudens*, auf den letzten 18 km gleicht die Strecke durch den teils vierspurigen Ausbau eher einer Autobahn und gibt zudem landschaftlich nicht allzuviel her. Das gleiche gilt für die nächsten 14 km bis *Montréjeau*.

Wer diese Raserei umgehen will und es vorzieht, beschaulicher durch die Gegend zu tuckern, dem sei von St. Girons aus die Parallelroute, die D 618, nach *Castillon-en-Couserans* zum *Col de Portet d'Aspet* (1069 m) empfohlen, der einen fantastischen Blick auf die Gipfelketten der Maladeta-Gruppe, einer der rauhesten Gebirgszüge der Pyrenäen, bietet.

In zahlreichen Kurven, teilweise ist die Straße recht eng, kann man so richtig die Abfahrt und den späteren Anstieg auf den *Col des Ares* (797 m) genießen, zumal auf diesem Streckenabschnitt wenig Verkehr herrscht. Nach dem Paß orientiere man sich nach der D 33 in Richtung *Barbazan*, die kurz nach dieser Ortschaft in die N 125 mündet und folge dieser bis Montréjeau.

Wer sich bereits hier nach den erfrischenden Fluten des Atlantiks sehnt und vom Wellenhüpfen träumt, dem bleibt als schnellste Verbindung nur die N 117 über Tarbes, Pau bis Bayonne und Biarritz (respektive den von mir vorgeschlagenen Campingplatz, ungefähr 20 km nördlich von Bayonne). Diese Strecke hat aufgrund ihres Autobahncharakters etliche Vorteile, die 200 km bis zum Atlantik lassen sich locker in drei Stunden abraspeln.

Es gibt aber eine recht abwechslungsreiche Alternative dazu, die unter vom landschaftlichen Gesichtspunkten vorzuziehen ist. Allerdings benötigt man für diese Variante die doppelte Zeit.

Diese Variante sieht wie folgt aus. Am Ortsende von Montréjeau zweigt die D 638/D 938 ab, die zu Beginn annähernd parallel zur N 17 verlaufend, zum Flüßchen Neste und in Ufernähe bis zum 30-Häuser-Dorf *La Barthe-de-Neste* führt. Ein herrliches Sträßchen, das durch seine Führung und vom Belag her mitunter etwas Konzen-

Das kleine Sträßchen führt durch eine eindrucksvolle Landschaft. Jedoch ist der Straßenbelag oft sehr dürftig, so daß ein vorsichtiger Fahrstil ratsam ist.

tration erfordert, aber durch eine eindrucksvolle Landschaft verläuft. Man trifft auf Getreidekulturen, Obstplantagen sowie mit dichten Schilffeldern bewachsene sumpfige Abschnitte entlang der Neste.

In einer zerklüfteten Landschaft liegt die Ortschaft *La Barthe-de-Neste* auf fast 600 m Höhe. Der Ortskern mit Kirche thront auf einem felsigen Zacken, ein imposantes Bild.

WT
TJ 3

Eine typische Überlandstraße in den Vorpyrenäen

An der Peripherie trifft man auf die D 929, die an gleicher Stelle in die bereits befahrene D 938 übergeht. Die nächsten Kilometer sind ein echter Genuß, man findet auf diesem reizvollen Sträßchen, das mit herrlich zu fahrenden Kurven gespickt ist, kaum Verkehr vor.
Auf halber Strecke sollte man bei der alten Abtei, die direkt am Straßenrand liegt und wirklich nicht zu übersehen ist, einen kurzen Stop und im Innenhof ein Picknick einlegen und gleichzeitig das alte sehenswerte Gemäuer bewundern. Dieser Innenhof wird scheinbar desöfteren von Freilufthochzeitstafeln frequentiert.
In *Bagnères-de-Bigorre* trifft man auf die D 935 und folge dieser bis kurz vor Montgaillard, wo die D 937 in Richtung Lourdes abzweigt, eine Straße, die es zumindest bis Escoubes in sich hat. Sie steigt und fällt, von kürzeren Geraden abgesehen, kurvenreich durch die von Landwirtschaft und Weiden bestimmte Landschaft. Erst nach Escoubes wird die Strecke bis Lourdes etwas eintöniger. Entschädigt wird man nur durch den Blick auf die Gipfel der Pyrenäenausläufer.
In *Lourdes*, besser am östlichen Stadtrand, stößt man auf die autobahnähnliche Umgehungsstraße N 21. Wer in Lourdes übernachten will (das gilt vielleicht auch für die Retourstrecke), dem sei folgender Campingplatz empfohlen. Man bleibe auf der N 21 in Richtung Argèles-Gazost. Nach ungefähr 1,5 km, nachdem man von Bagnères kommend auf diese Route eingebogen ist, erreicht man eine Eisenbahnbrücke, nach der die Straße abzweigt. Unmittelbar hinter der Brücke befindet sich auch die Talstation der zum Pic du Jer führenden Seilbahn, jene ist also leicht zu finden. Der Campingplatz liegt einige hundert Meter vor der Seilbahnstation auf der linken Straßenseite. Die Rezeption befindet sich im Bauernhaus auf der anderen Straßenseite.
Über den eventuellen Straßenlärm braucht man sich keine Sorgen machen, weil abends und nachts sowieso nichts los ist, da alle Bürgersteige rechtzeitig hochgeklappt werden.
Von Lourdes aus ist es nicht unbedingt angesagt, direkt auf der D 940 die Schnellstraße N 117 gen Westen als vielmehr die D 937 Richtung *St.-Pé-de-Bigorre* anzusteuern, ein Ort, der einstmals eine berühmte Abtei vorweisen konnte, die leider in den Religionskriegen zerstört wurde.
Zwei Kilometer weiter kommen die Grottenolme unter den Bikern wieder zum Zuge, je nach Belieben natürlich, denn hier lauern die wohl bekanntesten Höhlen auf die Besucherscharen, wie die *Grotte de Bétharram*, die man auf der D 152 erreicht. Man findet ein einzigartiges Höhlensystem in mehrern Etagen vor. Auf der Untersten plätschert ein Flüßlein, auf dem man eine ganze Weile mit einem Boot fahren kann. Noch ver-

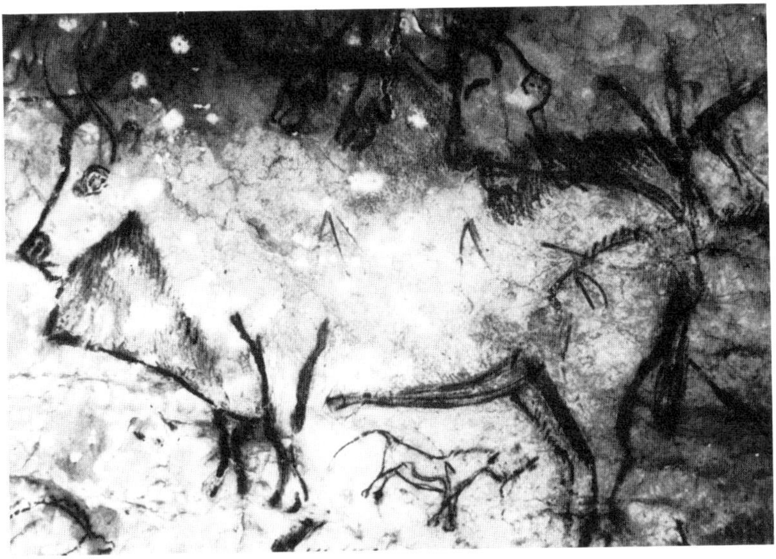

In zahlreichen Höhlen zeugen phantasievolle Zeichnungen vom vielfältigen Tierleben in prähistorischer Zeit. So jagte der berühmte Cro-Magnonmensch auch nach Löwen, Tigern, Büffeln und Mammut

rückter ist die unterirdische Bahnfahrt durch dieses Höhlensystem, welche im Besuchsprogramm eingeschlossen ist. Dieser ungewöhnliche Spaß kostet 20 DM und ist somit nicht ganz billig.

Nach diesem unterirdischen Erlebnis geht die Fahrt weiter von Ort zu Ort hüpfend bis nach *Pau*, wo man wieder auf die Rennstrecke N 117 trifft.

Die Stadt selbst ist wenig aufregend, besitzt aber durch ihre Lage einen gewissen Reiz. Hoch über dem gleichnamigen Fluß auf einem Plateau gelegen, bietet sie einer Aussichtsterrasse gleich ein ungewöhnliches Panorama auf die Pyrenäen. Eine kurze Rast an dieser Stelle ist allemal lohnenswert.

Von hier sollte man auf der N 117 bis kurz hinter *Peyrehorade* weiterfahren, da die Ausweichsrouten und Nebenstrecken doch sehr

mühsam und landschaftlich nicht besonders berauschend sind. Drei Kilometer nach Peyrehorade ist es ratsam, dem Verkehrsgewühl zu entfleuchen und auf die D 17 bis zum 24 km entfernten *St.-Vincent-de-Tyrosse* abzubiegen.
Kurz vor dem Ort sollte man das Gas etwas zügeln und die Aufmerksamkeit auf eine alleinstehende Weinkellerei richten, die mit den köstlichsten Weinen zu Erzeugerpreisen aufwarten kann. Ein Stop ist ein absolutes Muß, zumal die Kellermeister von jedem Fäßchen kosten lassen und in Anbetracht der Tatsache, daß der Campingplatz am Atlantik nicht mehr fern ist, läßt sich auch ohne weiteres ein Fünf-Liter-Kanisterchen auf dem Motorrad verstauen.
Nach St.-Vincent steuere man die D 33 in Richtung *Hossegor* und den dortigen Campingplatz am Lac de Hossegor an, der zwar recht groß ist, aber durch eine mit vielen Bäumen und Büschen durchsetzten Anlage seine eigentliche Größe nur erahnen läßt, wodurch man eigentlich immer das Gefühl verspürt, relativ allein zu sein.
Den ein paar Meter entfernten Camping Royal, der einen sehr gepflegten Eindruck macht, braucht man gar nicht erst anzusteuern. Die Herrschaften dort mögen keine Motorradfahrer!
Von Hossegor ist das Meer zu erreichen, indem man den nördlichen Zipfel des Sees umrundet, einigen neuen Appartementhäuschen die kalte Schulter zeigt und über eine gewaltige Sanddüne klettert und schon ist ein traumhaft-weiter und selten übervölkerter Strand erreicht. Besonders in der Vor- und Nachsaison kommt es vor, daß man Strandabschnitte in der Größe eines Fußballplatzes für sich allein beanspruchen kann.
Nach der 1500 km langen Anreise, wegen einiger Abstecher allerdings auf mehrere Tage verteilt, wollte ich natürlich unbedingt so schnell wie möglich in den Atlantikfluten baden. Faul wie ich nun mal bin, habe ich mit meiner vollbepackten 900er Yamaha und ziemlich viel Speed einen scheinbar geteerten Weg in Angriff genommen. Das mit dem Teer war ein Trugschluß, schon lag ich auf der Nase und durfte die Kiste im tiefsten Sand wieder ausgraben. Seit diesem Erlebnis rate ich jedem, erst den Campingplatz aufzusuchen und das Gepäck abzuladen.

ANFAHRTS-VARIANTEN DURCH DIE SCHWEIZ

Nun habe ich ja bereits einige Möglichkeiten angedeutet, Südwestfrankreich von Basel auf französischen Pfaden anzusteuern, die sicherlich ihre Reize haben, stellenweise aber auch recht eintönig sein können, wie zum Beispiel die Rhônetal-Strecke.

Dem Freund kurvenreicher Strekken wird nach einer kurzen Meditationsphase in Verbindung mit einem Blick auf den Weltatlas die Erleuchtung schnell kommen. Die Anfahrt bis Valence läßt sich weitaus interessanter gestalten, als wenn man nur auf direkter Linie via Autobahn diesen Ort anpeilt. Dies gilt vor allem für die sogenannten "Nordlichter", die sich nach langer, nervtötenden Schleichfahrt auf der Autobahn, ab Basel im Gebirge austoben wollen.

So beginnt unser Trip im Nachbarland zur Bundesrepublik, der Heimat des Alpendollars, in welchem die allgegenwärtige Armee ständig übt und einer Disziplin frönt, die den Militärs sämtlicher Staaten der restlichen Welt völlig unbekannt ist. Gemeint ist das ständige Luftlöcherschießen.

Aber Spaß beiseite, die Tour durch die Schweiz in die Reise nach Südwestfrankreich miteinzubinden, verlängert die Anreise maximal um einen Tag, entschädigt aber um so mehr mit den tollsten Eindrükken, die man mit nach Hause nehmen kann.

Nun ist die Schweiz ja nicht gerade von kontinentaler Größe, was zur Folge hat, daß wer zu schnell fährt, gar nicht merkt, daß er sich in der Schweiz befindet und gleichsam die herrliche Landschaft ignoriert. Dies zu verhindern, war der Anlaß für die Schweizer Behörden, ein Tempolimit von 80 km/h auf Landstraßen und 120 km/h auf Autobahnen einzuführen (Autobahnen sind mautpflichtig, die Vignette kostet 30 sfr.). An diese Limits muß man sich unbedingt halten, da es ansonsten deftige Bußgelder hagelt (10 km zu schnell - 40 sfr., 20

km - ca. 100 sfr.). Wer nicht an Ort und Stelle bezahlt, kann sein Fahrzeug später beim Polizeichef abholen, natürlich verbunden mit einem zusätzlichen Trinkgeld.
Noch einen Tip zu den häufigen Geschwindigkeitskontrollen. Die Kontrollen sind besonders tückisch, da die Geschwindigkeit von vorne und meist mit dem in der BRD unüblichen Handradar gemessen wird. Ein am Straßenrand stehender Polizist bedeutet meist eine Radarfalle. Trotz dieser lästigen Begleiterscheinung ist es ein absoluter Genuß durch die Schweiz zu düsen, wobei man sich zum Eingewöhnen folgende Routen anschauen kann.

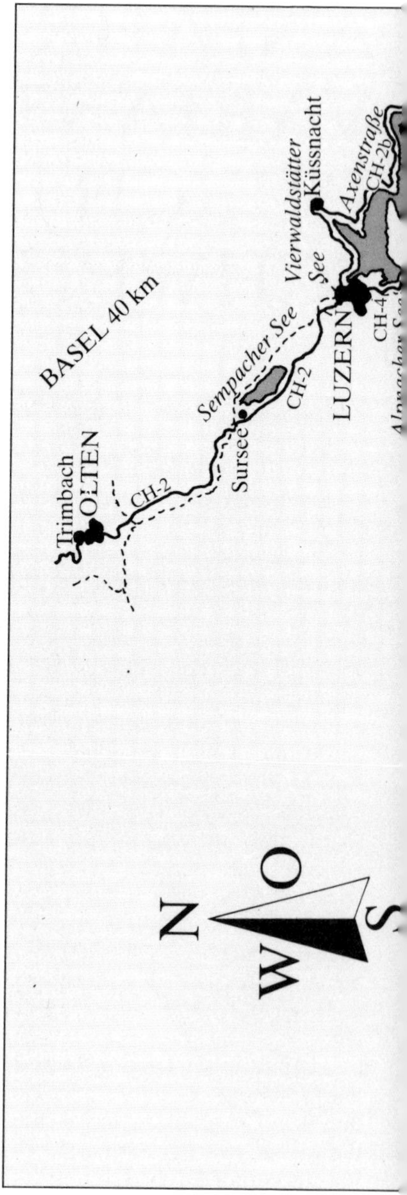

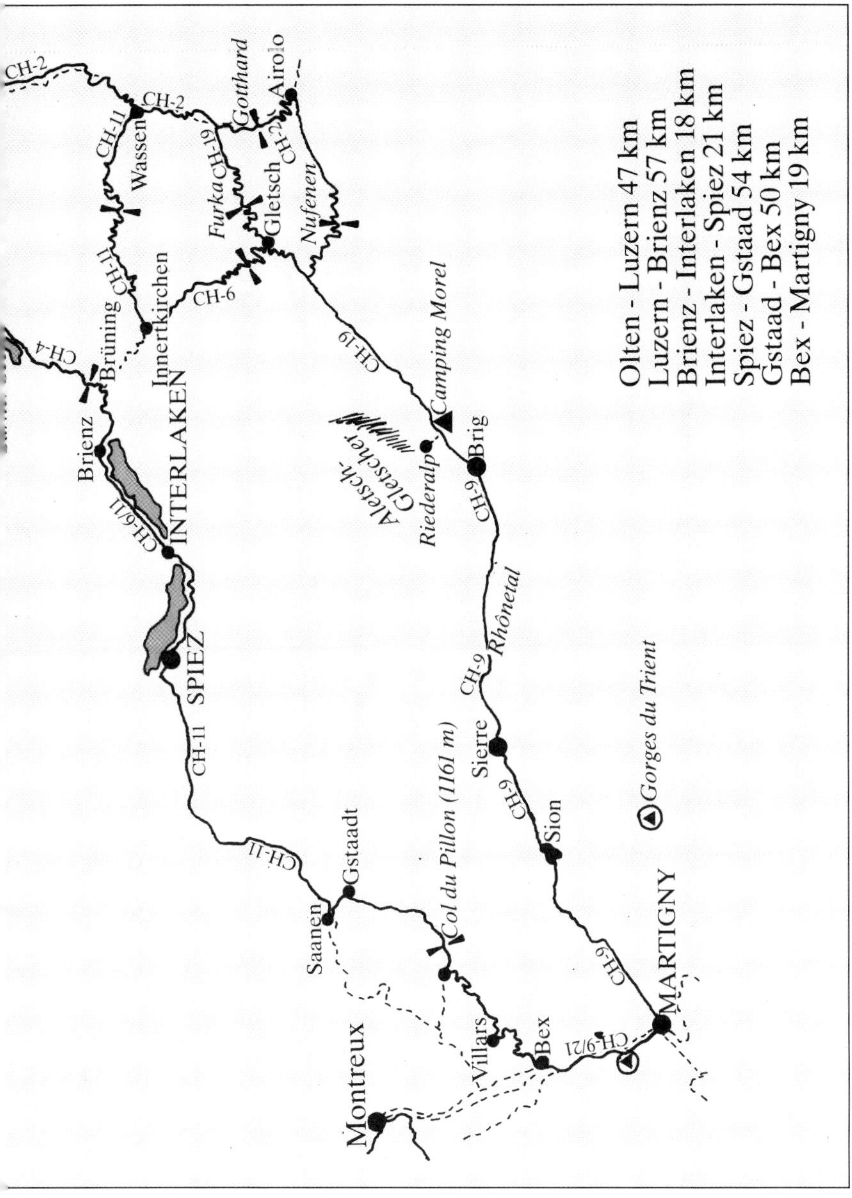
Olten - Luzern 47 km
Luzern - Brienz 57 km
Brienz - Interlaken 18 km
Interlaken - Spiez 21 km
Spiez - Gstaad 54 km
Gstaad - Bex 50 km
Bex - Martigny 19 km
CH-2
CH-11
Wassen
Gotthard
Airolo
CH-19
Furka
Gletsch
Nufenen
CH-6
Innertkirchen
Brüning
CH-4
Brienz
INTERLAKEN
CH-6/11
SPIEZ
CH-11
Camping Morel
Aletsch-Gletscher
Riederalp
Brig
CH-9
Rhônetal
Sierre
Sion
Gorges du Trient
Col du Pillon (1161 m)
Gstaadt
Saanen
MARTIGNY
CH-9/21
Bex
Villars
Montreux

Route A

Basel - Olten - Luzern - Interlaken - Gstaadt - Martigny
Streckenlänge 290 km

Die "Autobahner", die, vom Norden her die Schweizer Grenze erreichen, sollten noch vor den Toren von Basel auf die Abfahrt *Weil am Rhein* abbiegen. Dennoch muß man sich durch die Stadt quälen, folgt den blauen Schildern Richtung Zürich und verläßt die Autobahn bei der Abfahrt Liestal. Von Sissach fährt man auf der N 2 in Richtung Olten. Auf der Strecke kurz hinter Läufelingen steht der erste Paß auf dem Programm, der 700 m hohe *Hauenstein*, von dem sich bei entsprechenden Sichtverhältnissen ein beeindruckendes Panorama der Schweizer Zentralalpen (wie Eiger, Mönch, Jungfrau etc.) bietet.

Man folge weiter der N 2 über *Sursee* entlang dem Sempacher See bis *Luzern*, das bekannt ist für seinen Gletschergarten, sein Verkehrsmuseum und eine Stadtbesichtigung wert ist. Danach geht es am alten Wasserturm vorbei und ein kurzes Stück am Seeufer entlang in Richtung *Gotthard* (zur Beachtung: Schweizer Autobahnen sind grün gekennzeichnet, Nationalstraßen blau).

Gerade in Luzern ist dieser Hinweis wichtig, da die Hinweisschilder dürftig sind und wer nicht höllisch aufpasst, findet sich ganz schnell auf der Autobahn wieder, was ohne die sogenannte "Vignette" teuer werden kann (30 sfr für das Schildchen plus 100 sfr Trinkgeld für die eifrigen Ordnungshüter).

Schuld an diesem Chaos trägt die räumliche Enge zwischen den Bergen und dem Ufer des Vierwaldstädter Sees. Dadurch ist die Trassenführung recht abenteuerlich, es geht gelinde gesagt drunter und drüber.

Man orientiert sich zunächst einmal in Richtung Hergiswil, das man mit List und Tücke auch irgendwann findet, schleiche sich durch das Straßengeschlängel und erspähe mit Pfadfindergeist in einem, für klaustrophobile Naturen mit Vorsicht zu genießenden Tunnel das Hinweisschild zur Ortschaft *Sarnen*. Mögliche Schweißtropfen lassen sich problemlos nach der Tunneldurchquerung in den Fluten des *Alpnacher Sees* abwaschen, da die Straße unmittelbar am Ufer entlangführt. Dies gilt auch für die Folgestrecke am Sarnen- und Lungersee entlang. Vom letzteren beginnt am südlichen Ende der Aufstieg zum 1000 m hohen *Brüningpaß*. Wer nach der Paßüberquerung für kurze Zeit die Motorradstiefel mit Wanderpatoffeln tauschen möchte, sollte nicht versäumen, kurz vor Meiringen in die *Aareschlucht* hinabzusteigen und diese entlangzuwandern.

Ansonsten folgt man der Ufer-

straße am Brienzer See entlang bis *Interlaken* (kurzer Stop, der Blick auf das Jungfraujoch ist phantastisch), weiter entlang am Thunersee bis *Spiez* und durch das reizvolle Niedersimmental bis nach *Saanen*.
Der schnellste Weg führt von hier über Château d'Oex und den Col des Mosses nach *Aigle* ins Rhônetal.
Für Motorradfahrer sehr viel abwechslungsreicher ist die Route zum mondänen Luftkurort *Gstaadt* und über den Col du Pillon nach *Les Diablerets*, einem verträumten wallisischen Bergstädtchen. Nach dieser 1100 m tiefen Senke steigt man auf zehn windungsreichen Kilometern wieder auf 1800 m zum Col de la Croix hinauf, anschließend steht die Abfahrt nach *Villars* an. Von diesem Ort windet sich das Sträßchen weiter abwärts bis Bex ins Tal der Rhône.
Für Zweiradfahrer ist in diesem Streckenabschnitt etwas Vorsicht geboten, denn teilweise wurden Gleiskörper der lokalen Bahn in die Straße verlegt.
Auf den letzten zwanzig Kilometern bis Martigny empfiehlt sich noch ein kurzer Abstecher zu Fuß in die *Gorges du Trient* nahe Vernayaz. Diese Schlucht ist sehr eng, ihre Felswände steigen nahezu senkrecht auf. Um jene begehbar zu machen, mußte ein im ersten Moment nicht gerade vertrauenserweckender Steg an den Felswänden verankert werden.

Route B

Basel - Luzern - Axenstraße - Altdorf - Gotthard - Nufenen - Rhônetal
Streckenlänge 376 km

Es erübrigt sich, die Strecke von Basel bis Luzern zu beschreiben, da ich die Route in der vorangegangener Anfahrtsvariante empfehle. In Luzern aber hält man sich zur Linken in Richtung *Küssnacht/ Riggi*, bekannt durch den geschichtsträchtigen "Schwurbukkel".
Eigentlich spannend und abwechslungsreich wird es erst nach Küssnacht auf der sogenannten Axenstraße, die sich mäanderförmig am nördlichen Ufer des Vierwaldstättersees entlangschlängelt und herrliche Ausblicke auf den See sowie den am anderen Ufer gelegenen und eigenwillig geformten Bürgenstock zuläßt.
Noch winkliger und mit zahlreichen Tunneln gespickt ist der Abschnitt von Brunnen an der Tellkapelle vorbei bis *Flüelen* und *Altdorf*. War es bisher noch verhältnismäßig flach, ändert sich dies fortan, denn nun beginnt der stete Aufstieg in Richtung Wassen und *Andermatt* am Fuße des Gotthard.
Nun bieten sich zwei Varianten zur Weiterfahrt an. Beide Vorschläge beginnen in *Wassen* und enden im Rhônetal bei Gletsch bzw. Ullrichen. Auf jeder der beiden Strek-

ken wird man mit phantastischen Ausblicken auf die imposanten Gipfelregionen der Schweizer Zentralalpen belohnt, nebenbei bemerkt ist der Genuß beim Motorradfahren kaum noch zu steigern. Und darin liegt der Grund, warum diese kleinen Umwege so attraktiv sind.

Die "bescheidenere" Tour beginnt in *Wassen* mit dem Aufstieg auf den 2200 m hoch gelegenen *Susten*, dabei streift man hautnah den Steingletscher. Nun werden wieder die Reifenflanken während des Abstieges in unzähligen Kehren und mit Tunnelpassagen nach *Innertkirchen* gefordert. Der Übung erster Teil, denn wer denkt, die Kletterei hätte ein Ende, sieht sich getäuscht.

Nach wenigen Kilometern an der Aare entlang will ein neuer, zum Teil abenteuerlicher Aufstieg bewältigt werden, der auf läppische 2165 m hinaufführt. Ähnlich wild gestaltet sich auch die Abfahrt nach *Gletsch* ins Rhônetal hinunter. Für die Mathematiker: Auf einer Fahrtstrecke von etwa 80 Kilometern wurde ein Höhenunterschied von fünf Kilometern bewältigt, folglich nicht gerade ein Fall für Flachlandliebhaber.

Ambitionierte Zweiradlenker können sich auf der zweiten Variante messen, den Lenkern und Fahrzeugen wird einiges abverlangt.

Zunächst fährt man wie beim ersten Vorschlag bis Gletsch, zweigt dann aber in Richtung *Furkapaß* ab. Nach fünf Kilometern gelangt man zum berühmten Hotel Belvédère, an dieser Stelle bietet sich ein Fotostop an, denn hier befindet sich das sogenannte "Tor" des Rhônegletschers mit der Quelle des zweitgrößten Flusses Frankreichs, der Rhône. Von dem gelegentlichen Donnern und Dröhnen sollte man sich nicht stören lassen, es ist nicht die Schweizer Armee, die Löcher in den Käse schießt, sondern Eis, das mit Getöse vom Gletscherende abbricht - gerade im Sommer ein grandioses Schauspiel.

Einige Kürvchen und Spitzkehren weiter und man befindet sich auf der 2400 m hohen Paßhöhe des *Furka*. Nun sind es nur noch wenige Kilometer bis nach *Hospental* am Fuße des Gotthard südlich von Andermatt.

Seltsamerweise spürt man den Anstieg auf den 2100 m hohen *Gotthard* auf der nördlichen Seite kaum, es liegt sicher daran, daß dieser wenig spektakulär als vielmehr stetig erfolgt. Es empfiehlt sich allerdings, die gut ausgebaute Straße nach etwa neun Kilometern zu verlassen und auf die uralte Paßstraße auszuweichen (auf keinen Fall in den neuen Tunnel, Vignette erforderlich).

Es erfordert ein wenig Aufmerksamkeit, die Strecke zu finden, da sie mit einem kleinen blauen Hinweisschildchen *Airolo* gekennzeichnet ist. Zudem erinnert sie eher an einen Feldweg, vermittelt aber umso mehr Fahrfreude, da

nur noch Insider auf diesem Sträßchen einherkutschieren.
Am Hospiz angekommen, reihe man sich ein unter die Butterfahrer, erwerbe das übliche Souvenir und bewundere gleichzeitig das auf eine glatte Felsfläche in überdimensionaler Größe gemalte Wappen des Kanton Uri. Eine kurze Erfrischung kann auch nicht schaden, denn die gepflasterte Folgestrecke nach Airolo hinunter hat es in sich und erfordert ein hohes Maß an Konzentration. Spätestens hier wird man sich bewußt, mit welcher Mühsal sich die Menschen früher über diesen Paß quälen mußten.
In *Airolo* schließlich ergreife man durch ein Wirrwarr von Straßen, Brücken und Eisenbahnlinien sofort die Flucht in Richtung *Val Bedretto*, wo weiteres Paßvergnügen möglich wird. Der *Nufenen* ist durch den hervorragenden Ausbau größtenteils in sehr flotter Gangart zu bewältigen.
Allgemein kann festgestellt werden, daß alle bisher beschriebenen Pässe durch die Schweiz nicht gerade für klimatisch empfindliche Naturen sind. Am Gotthard pfeift einem der Wind um die Ohren, auf der Schweizer bzw. Tessiner Sonnenterasse spaziert man im T-Shirt einher, am Nufenen muß der Pullover wieder ausgepackt werden.
Die Folgestrecke durch das Rhônetal bis Martigny ist kaum der Rede wert. Die Straße ist im wesentlichen großzügig ausgebaut und läßt dementsprechend eine zügige Fahrweise zu. Der großzügige Ausbau hat sinnigerweise noch einen anderen Hintergrund; wie könnte es anders sein, hat wieder die Armee die Hand im Spiel, im vorliegenden Fall die Luftwaffe. Da die Piloten immer noch nicht auf den Gipfeln landen können, benutzen sie kurzerhand diese Straße abschnittsweise als Landebahn.
Wer immer noch Lust auf Gletscherbesichtigungen verspürt, sollte sein Zelt auf dem verträumten Campingplatz in Mörel aufschlagen, ein paar Fränklis zusammensuchen, per Gondel auf die Riederalp schweben und den Aletschgletscher aus der Nähe betrachten.

Martigny - Valence

Martigny - Col de la Forclaz - Col des Montets - Chamonix - Chambéry - Valence
Streckenlänge 290 km

Das eigentliche Motorradfahrvergnügen beginnt erneut nach Martigny beim Aufstieg über etliche steile Hänge und Haarnadelkurven inmitten eines ausgedehnten Weinanbaugebietes zum *Col de la Forclaz*. Die Fahrt zur französischen Grenze und bis zum *Col des Montets* erinnert an vielen Stellen an ein ausgedehntes Hochmoor, nebenbei bemerkt ein Tummelplatz für Bergwanderer.

Nach einigen Kehren erreicht man *Argentière*, wo bereits die ersten Blicke auf den Mont Blanc möglich sind.

Eindrucksvoller erscheint das Panorama auf das Massiv kurz vor *Chamonix*. Besonders beeindruckend ist die Zunge des "Glacier des Bossons", die kurz hinter Chamonix bis zur Straße reicht. Wer in dieser Gegend campen will, dem sei der Campingplatz in Servoz kurz hinter der *Gorges de Diosaz* empfohlen. Nebenbei können hier "Kletterfreaks" an der Übungswand trainieren.

Nun geht es weiter auf der N 205 am Arc entlang bis nach *Le Fayet*; es ist ratsam, langsam zu fahren, da die Straße durch Schwerverkehr überlastet ist. Nun biegt man auf die D 909 nach *St. Gervais* ab und fährt weiter bis zur gepflegten savoyischen Fremdenverkehrsmetropole *Megève* (N 212).

Die Strecke von Chamonix bis *Ugine*, der nächste Ort nach Megève, ist traumhaft für Tourer. Vegetation, Bergpanoramen und Schluchten wechseln ständig.

Nun sind es noch neun Kilometer bis *Albertville*, wo man auf die N 90 trifft. Der Ort kann mit gutem Gewissen so schnell wie möglich durchquert werden, denn die lokale Schwerindustrie ist wahrhaft keine Augenweide.

Die nächsten 40 Kilometer auf der N 90, die dem breiten Bett der Isère folgt, sind nicht besonders aufregend. Die Strecke besitzt annähernd Autobahncharakter, entsprechend zügig läßt es sich fahren.

Eine Ausrüstung, die keine Wünsche offen läßt – der Anhänger ist natürlich nicht jedermanns Geschmack.

DIE PYRENÄEN

Nach mühevollem Aufstieg die Abfahrt ins nebelverhangene Tal

Die Pyrenäen

Irgendein weiser Weltenbetrachter meinte vor langer Zeit, daß gleich hinter den Pyrenäen Afrika beginnen würde. Wenn man großzügig ist und Spanien einfach übersieht, hatte selbiger nicht ganz unrecht. Lange Zeit wurden die Pyrenäen als Grenzlandschaft des europäischen Raumes zum mysteriösen Afrika hin abgeschottet, lediglich von ein paar Abenteurern mit einem gewissen Unbehagen beschnüffelt. Somit mußten die Pyrenäen das Schicksal vieler Grenzgebiete teilen, eben das, als Reiseziel nie besonders attraktiv zu sein, seltsamerweise wurden diese häufig gar gemieden.

Im Zeitalter der Mobilität und Aufklärung änderte sich vieles, wenn nicht sogar entscheidendes, und so manch einer, der nicht nur am Strand bruzzeln will, sondern wirklich beabsichtigt, auf Tour zu gehen, muß schon fast die Pyrenäen, diese wildromantischen, faszinierenden Gebirgszüge und die ihnen vorgelagerten Landschaften regelrecht für sich entdecken.

Um ganz ehrlich zu sein, gilt das ganz besonders für die Zweiradfreaks.

"Viele Straßen führen nach Rom", so auch in und durch die Pyrenäen, aber, und jetzt kommt der Pferdefuß, die relativ gut ausgebauten Straßen, die größtenteils nur in Ost-West-Richtung verlaufen, sind verhältnismäßig rar, an ihnen liegen die meisten Ansiedlungen, und sie sind aufgrund der geologischen Verhältnisse so angelegt, daß man den Reiz der eigentlichen Gebirgskette nur erahnen kann. Und hier liegt die Anziehungskraft für uns Biker. Die zahllosen kleinen Sträßchen, abseits der Hauptverbindungswege, die man nach mitteleuropäischen Maßstäben bestenfalls als gut ausgebaute Feldwege bezeichnen kann, die allenfalls von einem klapprigen R 4 akzeptiert werden, sind deshalb geradezu prädestiniert, mit dem Motorrad abgefahren zu werden.

Vergleicht man zum Beispiel das Straßennetz der Alpen mit dem der Pyrenäen, so bieten erstere ein nahezu perfektes Autobahnnetz, letztere ein "Praktikumsareal" für angehende Vermessungs- und Straßenbauingenieure, die allerdings zum Ausbau eine gehörige Portion Grips mitbringen müßten.

Das deutet vielleicht ein wenig an, was den "Pyrenäentouristen" erwartet: wenige, aber sehr gut ausgebaute Nationalstraßen zu den bekanntesten Städten und Zentren, relativ brauchbare und befahrbare Querverbindungen zu den nächst größeren Ortschaften und als Quintessenz das "Hoppla - jetzt komm ich", die teils miserabelsten Sträßchen, so fern man diese als solche bezeichnen kann, die die mitunter weit verstreuten Weiler miteinander verbinden.

Die Gebirgspässe in den Pyrenäen stellen hohe Anforderungen an Fahrer und Maschine. Mit Steinen auf der Straße und Bodenlöchern muß immer gerechnet werden.

Warum dem so ist, hat naturgemäß mehrere Ursachen, der Hauptgrund liegt sicherlich in der Geologie der Pyrenäen. Daher erscheint es mir an dieser Stelle sinnvoll, auf diesen Umstand näher einzugehen.

Nach wie vor wird über die Enstehung der Kontinente und die noch heute anhaltende Kontinentalverschiebung diskutiert. Im kleineren "Rahmen" geht man in diesem Zusammenhang davon aus, daß die Pyrenäen durch das Zusammenprallen der iberischen und der europäischen Kontinentalplatte entstanden sind. (Man kann dies in jedem Restaurant durch das Zusammenknüllen einer Serviette nachvollziehen, um diesen Jahrmillionen dauernden Vorgang im Zeitraffer zu verstehen - das Ergebnis ist nahezu identisch.)

Das Ergebnis dieser Konfrontation ist die Entstehung eines gewaltigen Faltengebirges, und wie das nun einmal ist, wenn rohe Kräfte sinnlos walten, hat das Ganze noch ein paar Nebenwirkungen wie Hitze und Druck.

Bis vor kurzem gab es hier nur einen Maultierpfad

Das hatte zur Folge, daß die abgelagerten, wie auch aufbrechenden Sedimente je nach den Verhältnissen und abhängig von Druck und Temperatur zu den verschiedensten Gesteinsarten verschmolzen.
So ist das von Nordwest nach Südost streichende Faltengebirge aus Schiefer, unterbrochen von Gneis, Granit und Kreide aufgebaut. Dies kann man sehr gut erkennen, wenn man vom Col d'Aspin zum Pic du Midi blickt.
Ähnlich wie in den Alpen erkennt man auch hier noch deutlich die Spuren eiszeitlicher Vergletscherung und es finden sich Kare, Karseen und Trogtäler. Auch existieren noch einige "Eiswürfel", allerdings nur in den höchsten Regionen und nur auf den Schattenseiten.
Die Pyrenäen werden gemeinhin als schwer durchgängiges Gebirge bezeichnet, das ist auch kaum verwunderlich, da Längstäler (in Ost-West-Richtung) höchst selten sind, dagegen sind Quertäler äusserst häufig, die jedoch keinen Durchbruch in den Kämmen schaffen und damit die natürliche Barriere erhalten. Hinzu kommt das eigenwillige Profil dieses Faltengebirges. Zwei Drittel des Gebietes, der flachere Teil der ungleichseitigen Abdachung, ist spanisches Territorium, es ist trockener und man trifft, die höheren Lagen ausnehmend, fast nur auf Macchiagestrüpp und Heide, während die steilere französische Seite reichlich bewaldet ist. Allein schon daraus läßt sich ablesen, wie unwirtlich die Pyrenäen sein können.
Aus den verschiedensten Gründen unterteilt man die Pyrenäen in drei Abschnitte, angefangen von den Westpyrenäen, die sich vom Tal des Iraty bis zum Somportpass (1632 m) erstrecken und im Grunde genommen eher Mittelgebirgscharakter zeigen. Ihre höchste Erhebung ist der Pic d'Anie mit 2054 m. Dieser Abschnitt ist regenreich und dadurch dicht bewaldet.
Zunehmend rauher wird es in den Zentralpyrenäen, die sich vom Col de Somport in etwa bis zum Col de Puymorens (1915 m) erstrecken und sich in diesem Bereich zu einer im wahrsten Sinne des Wortes verkehrsfeindlichen Mauer auftürmen. Hier findet man die höchsten Gebirgsstöcke und gratartig zugeschärften Kämme, die in der Monte Perdido- (3335 m) und der Maladeta-Gruppe gipfeln, in dessen östlichen Teil das Steuerparadies Andorra liegt.
Nicht mehr ganz so bedrohlich, aber dennoch nicht zu verachten, sind die Ostpyrenäen mit dem Puigmal (2913 m) und dem Pic du Canigou (2785 m) als ihren höchsten Erhebungen, an deren Abhängen die Vegetation mediteranen Charakter besitzt. Die "Schleckermäulchen" unter den Bikern kommen hier am Fuß dieser Gebirgskette mit zahlreichen Weinbergen, Nektarinen-, Aprikosen-, Pfirsichplantagen etc. voll auf ihre Kosten. Dies Region ist für Obst-, Gemüse- und Vitamin-

freaks ein wahres Schlaraffenland. So unterschiedlich sich die Pyrenäen in ihrer geologischen Formation präsentieren, so unterschiedlich sind auch die klimatischen Verhältnisse. Der feuchte Einfluß des Atlantiks ist auf der Nordflanke fast bis Andorra spürbar. Das erklärt zum Teil die zunehmend grünere Landschaft, sprich die ausgeprägte Bewaldung von Ariège bis hin zum Baskenland im Westen. Umgekehrt aber prägt das trockenere Mittelmeerklima die Pyrénées-Orientales, was allein schon an der Vegetation (Oliven, Lavendel, Aprikosen etc.) sichtbar ist.

So muß man allgemein feststellen, daß, bedingt durch das Aufeinandertreffen unterschiedlicher klimatischer Fronten, das Frühjahr häufig verregnet ist und in den Hochlagen mitunter bis Juni die Skier ausgepackt werden können. Stabiler wird die Angelegenheit dann im Sommer, insbesondere im Frühherbst, eine Zeit, die zum Reisen unbedingt empfohlen werden kann. Etwas Vorsicht ist ab Ende Oktober geboten, denn es kann mitunter vorkommen, daß in höheren Lagen mal eben so das Kühlwasser einfriert. Ungeachtet dessen sind die höheren Lagen ausgesprochen sonnenreich und niederschlagsarm, was unvorsichtigen Bikern mit zarter Haut leicht zum Verhängnis werden kann, die im Nu wie frisch gekochten Hummer aussehen, sprich sich einen kräftigen Sonnenbrand einhandeln können. Die UV-Strahlung ist in diesen Höhen viermal intensiver als am Meer.

Nebenbei erwähnt nutzt die CNRS (Nationales Zentrum für wissenschaftliche Forschung) die ungewöhnlich zahlreichen Sonnentage in Font-Romeu mit dem berühmten “Sonnenofen“. Dieses solare Feuerzeug sollte man unbedingt besichtigen, näheres dazu siehe Reise ab Perpignan.

Will man die Attraktivität der Pyrenäen als Reiseziel umreißen, bleiben neben den unzähligen und unterschiedlichsten landschaftlichen Reizen, den sehr bemerkenswerten alten Städten wie Carcassonne oder Foix, um nur einige zu nennen, natürlich die zahlreichen Höhlen mit teils sehr gut erhaltenen steinzeitlichen Felszeichnungen, riesigen Tropfsteinen und und.....

Warum gerade hier so viele Höhlen entstanden sind, hängt mit der Tatsache, daß es sich hier um ein Faltengebirge handelt, und dem Vorhandensein von Kalk und Dolomit zusammen.

Ein Wort noch zur Entstehung dieser Höhlen. Wie immer, wenn einem das Wasser abgegraben wird, gibt es Löcher, in die man fallen kann. So ähnlich kann man es sich vorstellen, nur in diesem Fall ist das Wasser der Bösewicht, denn die meisten Höhlen liegen in Gebieten, in denen eine unterirdische Entwässerung erfolgt, bekannt unter dem Begriff “Karstgebiet“.

Naturgemäß beginnt der Prozess damit, daß sich Wasser in Spalten und Rissen "verkrümelt" und seine rege Untergrundtätigkeit in Angriff nimmt. Nun entzieht das Wasser der vorhandenen Luft Kohlendioxid, wodurch diese ähnlich wie eine Säure recht aggressiv wird, auf den friedlichen Kalk losgeht und diesen wie eine Tarantula aufzufressen beginnt und damit große Hohlräume schafft.

Im Laufe der Zeit hat mal wieder so ein Granitpfeiler keine rechte Lust mehr, die Decke zu stützen und die ganze Chose bricht ein und somit werden die Hohlräume weiter vergrößert. Neben dem vorherigen plastischen Erklärungsversuch der chemischen Abtragung (Korrosion) besitzt das Wasser natürlich auch noch mechanische Kräfte (Erosion), indem es diverse reibende Bestandteile mit sich führt, die zusätzlich eine Vergrößerung der Hohlräume bewirken. So ganz nebenbei betätigt sich die Natur in diesem langen Prozess als Künstler und baut(e) je nach örtlicher Gegebenheit die unterschiedlichsten architektonischen Gebilde in Form von Stalagmiten und Stalaktiten, die sogenannten Tropfsteinhöhlen. Ich erspare mir die genaue Erklärung, da man diesen Prozess im Brockhaus herrlich nachlesen kann.

Jedenfalls kennt man in Frankreich, einschließlich Monaco und Korsika, etwa 15000 Höhlen. Interessanterweise findet man viele dieser verschiedenen Höhlen und Grotten in den Pyrenäen. Insofern kommen die Grottenmolche unter den Bikern voll auf ihre Kosten. Zum einen gibt es historisch interessante, mit zum Teil sehr gut erhaltenen Wandmalereien wie jene von Niaux, andererseits Höhlen mit schönen Sinterbildungen wie in Médous oder ganze Höhlensysteme mit riesigen Schächten wie die von Pierre-St-Martin und last not least den "Underground", in dem sich mit Böötchen umherpaddeln läßt, wie in Labouiche und Bétharram in der Nähe von Lourdes. In den einzelnen Kapiteln wird zu diesem Thema näher eingegangen.

Languedoc - Roussillon

Der Blick auf die Landkarte verrät es. Wer in die Pyrenäen oder gar weiter nach Spanien will, durchstreift unweigerlich das Languedoc und das Roussillon, zumindest dann, wenn die Route entlang der Peripherie der Mittelmeerküste gelegt wird. Daher scheint es mir angebracht, ein paar Worte über diese Landstriche zu verlieren.

Das Languedoc ist eine historische Provinz und umfaßt die Departements Ardèche, Lozère, Gard, Hérault, Tarn und Aude sowie Teile von Haut-Garonne und Ariège im Süden und Haute-Loire mit der alten Hauptstadt Toulouse im Norden. Mittlerweile ist diese Stadt mehr bekannt durch den Airbus und den Schraubenschlüssel schwingenden Franz-Josef.

Das Languedoc ist größtenteils Schwemmland der Flüsse Hérault, Orbe und Aude, eine riesige Ebene, die einstmals Sumpflandschaft war. Landschaftlich ist das Hinterland nicht sehr reizvoll. Im Languedoc kommen eher die Badefreaks auf ihre Kosten, da sie im Bereich südwestlich der Camargue bis hin zur spanischen Grenze endlose Sandstrände finden, die sehr flach ins Meer verlaufen.

Abwechslung in dieser größtenteils eintönigen Landschaft bieten die felsigen Kaps, die an einigen Stellen ins Meer vorstoßen. Das interessanteste ist mitunter *Cap d'Agde*, ein Ausläufer eines erloschenen Vulkans. Hier läßt es sich herrlich baden, aber wenn möglich nicht in der Hauptsaison (Juli-August), dann tummelt sich hier Gott und die Welt und schlägt sich um jedes Sandkörnchen. Diese Zeitspanne ist verbunden mit einem Irrsinnstourismus und in jeder Hinsicht grauenvoll, mitunter sogar lebensgefährlich, da desöfteren angebruzzelte Touristen völlig hirnlos über die Straße watscheln, so manchen Biker übersehen und ihm regelrecht das Surfbrett um die Ohren hauen.

Charakteristisch für diesen Landstrich entlang der Küste sind die vielen, oft nur durch einen schmalen Sandstreifen vom Meer getrennten Etangs, langgestreckte Lagunen, die ursprünglich einmal ideale Brutstätten von 35 verschiedenen mehr oder minder gefährlichen Mückenarten waren.

Irgendwann einmal aber kam ein Ferienminister auf die Idee, aus dieser Gegend eine Monsterferienlandschaft zu machen. Die Etangs wurden saniert und das Getier rigo-

Nach einer strapaziösen Motorradtour ist ein erfrischendes Bad genau das Richtige

ros ausgerottet. Entstanden sind in diesem Zusammenhang einige dieser Retorten-Monstersiedlungen angefangen mit La Grande Motte am Rande der Camargue über Port Leucate/Barcarès bis hin nach St. Cyprien Plage/Argelès nahe der spanischen Grenze, wobei man die letzteren noch als annehmbar bezeichnen kann, denn diese haben noch eine kleine Spur von Atmosphäre, wenn auch hier wie in allen anderen der Kontakt zu den Einheimischen fast völlig verloren gegangen ist.

Irgendwie ist das schon schade, denn diese industriellen Ferienzentren bieten so gut wie gar nicht die Möglichkeit, Land und Leute kennzulernen, man ist nur unter sich.

Hinter zahlreichen Strandseen und Haffs (Etangs) erstreckt sich die weite und sehr fruchtbare Schwemmlandschaft, in welcher, begünstigt durch das sommerwarme und trockene Klima, fast monokulturartig Weinbau betrieben wird. Zusammen erzeugen das Languedoc, Roussillon und die Provence über die Hälfte der französischen Weinproduktion.

Im Norden wird das Languedoc durch die Steilstufe der *Garrigue* begrenzt, die aus gefaltetem Jura aufgebaut ist und deren sanftwellige Hochflächen mit sommertrokkenen Strauchsteppen (Garrigue) bedeckt sind. In den letzten Jahren hat man mit einem ausgeklügelten Bewässerungssystem südlich der Cevennen ein riesiges Areal erschlossen, um die Landwirtschaft auf eine gesunde Basis zu stellen. Hier wird vorzugsweise Obst und Gemüse angebaut sowie die Viehzucht forciert. Eine klare Grenze zwischen dem Languedoc und dem Roussillon ist nicht auszumachen, heute wird die ehemalige Grafschaft Roussillon von dem Departement Pyrénées-Orientales mit der Hauptstadt Perpignan umfaßt. Geprägt wird diese Landschaft durch die Täler des Têt, des Tech, die sich am östlichen Fuß des Canigou-Massivs zu einer höchst fruchtbaren Ebene verbreitern. In dem in früheren Zeiten auch schon zu Spanien gehörenden Landesteil wird neben Wein- und Olivenanbau, Holz- und Weidewirtschaft besonders Obst- und Gemüsezucht betrieben. Und gerade letzteres sollte das Herz des Lagerkochs höher schlagen lassen, da man sich überall mit "fangfrischen" Gemüse versorgen kann, welch willkommene Abwechslung zur Dosenkost. Die Vitaminfreaks sollten mit dem Bauern ein paar freundliche Wort wechseln und selbiger wird problemlos einige der süßesten Früchte zur Verfügung stellen, das geht mitunter soweit, daß man den Tankrucksack mit Nektarinen gefüllt bekommt - nach dem Motto: "ein Herz für Biker", und das haben viele dort. Natürlich bietet das Roussillon weit mehr Reize, insbesondere bezüglich der Landschaft, zumal es sich bis in die höchsten Buckel der Pyrenäen erstreckt. Mehr dazu in den entsprechenden Abschnitten.

Ausflusgziele

Perpignan

Le Castillet-Casa Pairal: Das am Place de la Victoire gelegene Backsteinkastell diente seit dem 14. Jhd. als Gefängnis, heute ist in ihm ein interessantes Volkskundemuseum untergebracht.
La Loge de Mer: Palast aus dem Jahre 1397 und Sitz der Handelsbörse.
Palast der Könige von Mallorca: Mit dem Bau des Königspalastes wurde 1274 begonnen, er befindet sich im Zentrum der sehenswerten Zitadelle. Sehr schön sind der Saal der Könige und die Privatgemächer der ehemaligen Herrscher.
Kathedrale Saint-Jean: Altes Kirchenbauwerk, das bereits 1324 begonnen, aber erst im 15. Jhd. vollendet wurde. Sehr schönes Kircheninneres mit herrlichen Altaren.

Schloß von Salses

Ein imposantes Schloß an der N 9 aus dem 15. und 16. Jhd. Die noch erhaltenen Befestigungsanlagen zählten im Mittelalter zu den modernsten Europas, da sie bereits für Artilleriegeschütze ausgerüstet waren.

Collioure

Sehr schönes altes befestigtes Städtchen am Mittelmeer mit einem malerischen Hafen, deren historischer Ursprung bis ins 3. Jhd. zurückgeht. Das Château Royal diente als Residenz der Könige von Mallorca. Im 16. Jhd. wurden unter Kaiser Karl V. die Beobachtungs- und Leuchttürme zu Verteidigungsanlagen ausgebaut. Sehr bekannt ist das „Hôtel de Templier“, in dem berühmte Künstler wie Picasso und Dufy verkehrten.

Port Vendres

Ein hübsches kleines Städtchen, das von den Römern gegründet wurde. Reizvoll ist auch ein Ausflug zum nahegelegenen Banyuls-sur-Mer, das durch seinen Rotwein weltbekannnt wurde. Interessant ist das Aquarium, das täglich von 10 - 12 Uhr und von 14 - 16 Uhr geöffnet ist. Auf einer kurvenreichen Küstenstraße, „Corniche“ genannt, erreicht man nach zehn Kilometern den Grenzort Cerbère mit dem internationalen Bahnhof.

Rundreisen am Atlantik

(Zwei Tourenvorschläge, Variante B führt um ca. 100 km weiter nach Süden, siehe dazu Karte)

Route A

Hossegor - Bayonne - Espelette - Ainhoa - Arizcun - Errazu - St. Etienne-de-Baigorry - Eyharce - Cambo-les-Bains - Bayonne - Hossegor
Streckenlänge ca. 153 km

Im ersten Moment mag es ungewöhnlich erscheinen, den Badefreuden des Atlantiks mit seinen weitläufigen Stränden bei Hossegor und Capbreton den Rücken zu kehren, um sich mit dem Motorrad ins Landesinnere, in diesem Fall in Richtung Süden zum Teil auf spanisches Gebiet zu bewegen. Diese Tour besitzt einige Reize und schließlich bietet der Spätnachmittag noch genügend Zeit, um ein Bad im Atlantik zu nehmen.
Bekanntermaßen lassen es ja die Franzosen, besonders die im Süden, gemütlicher angehen und man sollte sich diesen Stil durchaus aneignen. Genauer gesagt heißt das, man schreite gemächlich in das dem Campingplatz angeschlossene Restaurant, schlürfe

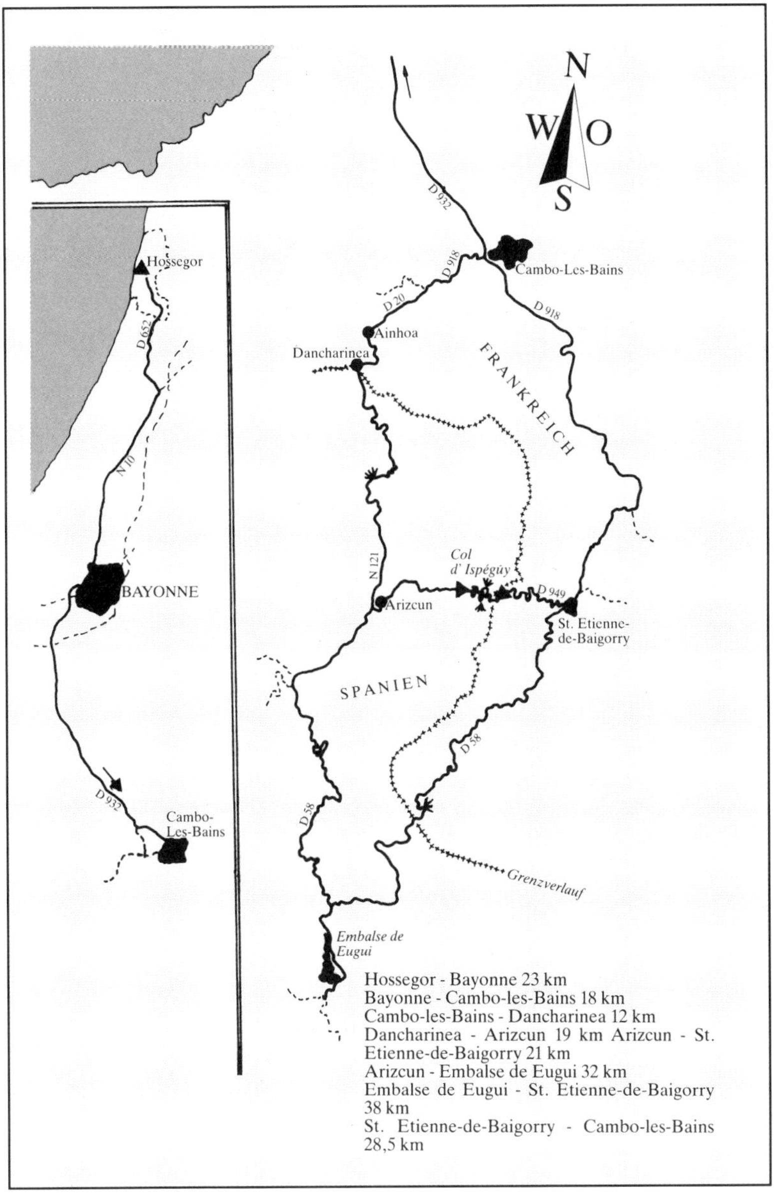
N
W
O
S
Hossegor
D 652
N 10
BAYONNE
D 932
Cambo-Les-Bains
D 932
D 918
Cambo-Les-Bains
D 20
D 918
Ainhoa
Dancharinea
FRANKREICH
N 121
Col d' Ispégüy
D 949
Arizcun
St. Etienne-de-Baigorry
SPANIEN
D 58
D 58
Grenzverlauf
Embalse de Eugui
Hossegor - Bayonne 23 km
Bayonne - Cambo-les-Bains 18 km
Cambo-les-Bains - Dancharinea 12 km
Dancharinea - Arizcun 19 km Arizcun - St. Etienne-de-Baigorry 21 km
Arizcun - Embalse de Eugui 32 km
Embalse de Eugui - St. Etienne-de-Baigorry 38 km
St. Etienne-de-Baigorry - Cambo-les-Bains 28,5 km

einen riesigen Café au lait, vertilge einige frische Croissants und, was das Wichtigste ist, lausche den aktuellen "Tagesinfos", die von Colette und den Einheimischen angeboten werden. Erstaunlicherweise wissen die schon in aller Herrgottsfrühe, wo auf der beabsichtigten Route eine Bergziege abgestürzt ist, welche Straße mal wieder durch einen Erdrutsch nicht passierbar ist und und....
Ich empfehle Euch folgende Routen:
Die D 652 führt durch die zusammengewachsenen Ortschaften *Hossegor* und *Capbreton* in Richtung Süden. Zwei Ortschaften, die man als schön-schaurig aufgeräumt bezeichnen kann, das hat wohl touristische Gründe. In Labenne trifft man auf die N 10. Von hier kann man getrost mit Vollgas nach *Bayonne* düsen, zumal die Strecke größtenteils vierspurig ausgebaut ist.
In Bayonne kann man sich wieder einmal freuen, auf einem Zweirad zu sitzen und gleichzeitig den wütend hupenden Autofahrern die Zunge herausstrecken. Es herrschen apokalyptische Verkehrsverhältnisse. Für Yamaha-Fahrer sei erwähnt, daß in der Stadt eine ausgezeichnete Werkstatt mit bestens sortiertem Lager existiert.
In Bayonne suche man sich mit pfadfinderischen Spürsinn die D 932, die von Zeit zu Zeit tatsächlich mit dem Ortshinweis *Cambo-les-Bains* zusätzlich ausgeschildert ist. Die folgenden zehn

Kilometer bis *Ustaritz* sind landschaftlich etwas ansprechender, von der Straße aus betrachtet aber doch recht langweilig, da sie genauso zum Bummeln wie zum Rasen geeignet ist. Zwei Kilometer weiter sollte man auf die kurvige Umgehung D 20 nach *Espelette* ausweichen, die erste Panoramaeindrücke hin zu den Bergen erlaubt.

Ein kurzes Stück D 918 und man ist wieder auf der D 20 beim Anstieg zum 176 (!) m hohen Col de Pinodieta und wer sich jetzt ob der Höhe in Lachkrämpfen schüttelt, sei gewarnt, die paar Meter haben es in sich. Die Straße ist ein prächtig ausgebauter Feldweg mit allen Schattierungen und teils tückischen Kurven. Leichtgewichtige Biker, die diese Strecke mit allzu forscher Geschwindigkeit angehen, katapultiert es regelrecht aus dem Sattel und dürfen den auf den angrenzenden Wiesen gemütlich grasenden Schafen einen herrlichen „Guten Tag“ wünschen.

Die folgenden acht Kilometer bis *Dancharia* sind nicht ganz so anstrengend und man kann sich mehr auf die herrliche Landschaft konzentrieren. Im Ort selbst wird man mit einem feurigen Olé begrüßt, falls der spanische Grenzer nicht gerade Siesta hält.

Landschaftlich besonders reizvoll ist der folgende Aufstieg zum 570 m hohen *Puerto de Qtxondo*, vor allem verwöhnen hier die zahlreichen, herrlich zu fahrenden Kurven, die Qualität der Straße ist recht zufriedenstellend. Einen zumindest kurzen Stop sollte man auf der Paßhöhe einlegen, denn das Panorama ist fantastisch und zeigt den eher mittelgebirgigen Charakter der Pyrénées-Atlantiques, die einsamen Bauerngehöfte, den Wechsel von Waldabschnitten mit hochgelegenen Wiesen.

Der Abstieg auf die N 121 bis *Arizcun* gestaltet sich ähnlich angenehm wie die Anfahrt. Einen Kilometer vor Arizcun zweigt bereits die D 949 nach Bozate de Arizcun ab, einem Vorort bestehend aus zweieinhalb Häusern, 38 Hühnern und 10 Hunden; durch das Tal des Rio Bidasoa erreicht man nach zwei Kilometern den wunderschönen Flecken Errazu mit Häusern, deren Baustil stark vom Maurischen beeinflußt zu sein scheint. Alle Häuser sind herausgeputzt, als würden sie alle paar Tage neu renoviert werden. Bei nahezu allen Häusern sind die Ecken sowie die Fensterstürze und -laibungen mit tiefroten Sandstein zur weißen Fassade abgesetzt.

Nach dieser Ortschaft folgt das Sträßlein dem idyllischen Flüßchen und geht alsbald in einen äußerst kurvenreichen Anstieg zum *Col d'Ispéguy* über, in dessen Verlauf die Vegetation zusehends dürftiger wird, sprich immer häufiger von felsigen und kargen Stellen unterbrochen wird.

Bei der Auffahrt zu dem auf 672 m hochgelegenen Paß wird höchste Konzentration in zweierlei Hin-

Einkaufsbummel im spanischen San Sebastian

BENGOECHEA

sicht gefordert. Wieder einmal, wie so oft in den Pyrenäen, sind die diversen, mitunter haarsträubenden Kurven nicht zu unterschätzen, ansonsten gibt es einen unfreiwilligen Abgang über den ungeschützten Straßenrand in beachtliche Tiefen.
Zum Zweiten sieht man sich sehr ungewöhnlichen Spielkameraden gegenüber, die zur Abwechslung aus der Luft heranschweben. Es ist nicht so genau erklärbar, inwieweit diese "Geier", es handelt sich natürlich um die letzten wenigen Steinadler Europas, die herumkurvenden Biker als Spielgefährten oder als Störenfriede ansehen. Jedenfalls sind sie wenig scheu. Die riesigen Vögel schweben in greifbarer Nähe, ein wirklich seltenes Schauspiel.
Auf der Paßhöhe ist dann mal wieder ein kurzer Fotostop angesagt, denn der Blick in den Süden eröffnet ein traumhaftes Gebirgspanorama. Kurz danach betritt man über eine verschlafene Grenzkontrollstelle wieder französisches Territorium. Die Abfahrt hinunter ins verträumte *St. Etienne-de-Baigorry* ist wieder mit Vorsicht zu genießen, da die Straße kurvig, eng und in einem miserablen Zustand ist, eine richtige Stoßdämpferteststrecke. Am besten rastet man in einem Bistro am Marktplatz, der gleichzeitig das Boulezentrum ist. Die Einheimischen messen sich gern mit Touristen!
Nur mit der Verständigung gibt es Schwierigkeiten, ich vermute, daß es sich um bayrisches Französisch handelt. Wenn nur baskisch gesprochen wird, dann ist Hopfen und Malz verloren.
Von St. Etienne geht es den verträumten Bach entlang durch eine malerische Landschaft auf der D 948 bis *St. Martin-d'Arrossa*, wo man auf die D 918 trifft. Diese schlängelt sich am Fluß Nive entlang bis nach *Cambo-les-Bains*. Ab und zu muß man auf der Strecke bedingt durch einige Tunnels den Kopf einziehen. Die Straße ist gut ausgebaut und erlaubt eine zügige Fahrweise.
Die Stadt läßt sich umfahren, was auch empfehlenswert ist, denn das Stadtbild ist nicht gerade berauschend. Von nun an geht es auf der bereits besprochenen Anfahrtsroute zurück über Bayonne nach Hossegor. Für Leute, die es nicht so eilig haben, ist eine Parallelroute, die *Route Imperial D 22*, zu empfehlen, die mit ihren zahlreichen Kurven, Steigungen und Gefälle richtige Fahrlaune aufkommen läßt.

Route B

Wie Vorschlag A bis Arizcun, hier wie folgt:
Arizcun - Almandoz - Puerto de Velate - Anue - Urtasun - Aldudes - St. Etienne-de-Baigorry, von hier wieder wie Route A
Streckenlänge 235 km

So richtig zum Genießen ist der Abschnitt der N 121 von Arizcun bis Elizondo und weiter bis zum Ort Irurita entlang dem Flüßchen Baztan. Erst danach wird es wieder spannend, denn die nächsten zehn Kilometer lassen wieder einmal das Herz eines jeden Schräglagenfanatikers lachen, aber, das sei ausdrücklich betont, ist absolute Vorsicht angebracht, die Straße entspricht dem üblichen Pyrenäenstandard. Der Belag ist zwar sehr griffig, wären da nicht einige Wellen, Löcher und Kuhfladen. Es ist keine gute Strecke für Biker mit Bandscheibenschäden, eher eine solche für diejenigen, die sich diese noch zulegen wollen.
Von der Straßenqualität ansprechender sind die nächsten 23 km bis *Anué*, aber keinesfalls langweiliger. Es ist eine ausgesprochene Genußstreckc, dic mit allem verwöhnt, was das Motorradfahren so erlebnisreich macht. Kurven, eine herrliche Landschaft und fantastische Ausblicke. Man kann diesen Abschnitt als Erholungs- oder aber auch als Vorbereitungsstrecke für die folgende Etappe bezeichnen, die vom Fahrer alles fordert.
Elf Kilometer bis *Urtasun*, danach einige Kilometer nach Norden und man kann im *Embalse de Eugui*, einem Stausee, ein erfrischendes Bad nehmen. Das Wasser ist lausig kalt und macht mächtig munter.
Auf der D 58 geht es im ständigen Auf und Ab mit Steigungen und Gefälle bis zu 13 % und einem andauernden Links-Rechts-Schwenk bis *Les Aldudes*. Aber keine Angst, die Reifenflanken werden auch auf der Folgestrecke bis *St. Etienne-de-Baigorry* nach wie vor strapaziert. Man sollte diese Strecke allerdings genüßlich entlangfahren, denn gerade das *Vallée des Aldudes* besticht durch seine außergewöhnliche Schönheit.
Von hier ab ist dem Routenvorschlag A zu folgen.

BAYONNE
45000 Einwohner, reizvolle Altstadt, *Kathedrale Sainte-Marie:* Imposantes Gebäude, mit dessen Bau bereits im 8. Jhd. begonnen wurde. Im 13. Jahrhundert völlig abgebrannt, wurde sie erst im 16. Jhd. vollendet. *Musée Basque:* Museum, das sich mit der Volkskunst des Baskenlandes beschäftigt. *Musée Bonnet:* Ölgemälde von Bonnet, Rembrandt, Rubens, Greco und Goya.

Von West nach Ost

Nach einigen hoffentlich erholsamen Tagen am Atlantik und der ersten Schnüffeltour von Hossegor aus, wäre es wohl an der Zeit, die Pyrenäen von „“Links nach Rechts“ aufzurollen. Am geschicktesten wählt man für die ersten Kilometer die teilweise beschriebene Strecke in der Rundreise Hossegor (Bayonne - Cambo-les-Bains - Osses). Hier bleibt man auf der D 918, die entlang der Nive sehr gut zu befahren ist, bis man nach elf Kilometer die ehemalige Hauptstadt der baskischen Provinz Basse-Navarre *St. Jean-Pied-de-Port* erreicht.

Der Name dieser Stadt klingt recht kompliziert, ist im Grunde genommen jedoch einfach zu erklären, da er die Lage der Stadt umschreibt. Port ist in den Pyrenäen ein Synonym für einen Gebirgsübergang bzw. Paß, St. Jean bedeutet, daß es eine Johanneskirche gibt und Pied zu deutsch Fuß, also eine Johanniskirche am Fuße eines Pyrenäenpasses.

Als strategisch wichtiger Punkt an der Spanienroute wurde St. Jean, wie es üblich war, befestigt. So stammen die Mauern der Oberstadt aus dem 15 Jhd., als Navarra noch ein selbständiges Königreich war. Später im 17. Jhd. wurde dann auch die Unterstadt befestigt und die Zitadelle ausgebaut. Da sie noch heute militärisch genutzt wird, ist eine Besichtigung nicht möglich.

Heutzutage ist St. Jean einer der Haupttouristenorte in den baskischen Pyrenäen und gleichzeitig Markt- und Einkaufsort für ein weites Umland. Sehr reizvoll ist übrigens die Rue de la Citadelle in der Oberstadt, wo sich in den alten Häusern aus Rotsandstein etliche Kunsthandwerk- und Antiquitätenläden eingenistet haben. (Urlaubsmitbringsel!)

An dieser Stelle wäre noch einiges zum Baskenland zu sagen.

Das mittelalterliche St.-Jean-Pied-de-Port

Das Baskenland

Das französische Baskenland ist ein sehr beliebtes Feriengebiet, vermutlich weil es landschaftlich weitaus sanfter als die übrigen Pyrenäenregionen ist. Die Landschaft ist geprägt durch weite, grüne Hügel und Weideland, das in höheren Lagen von Wäldern abgelöst wird. Besonders wegen der weiten Weideflächen sollte man beim Fahren auf den Nebenstrekken ein wenig Vorsicht walten lassen, da man ansonsten schnell ein Tier verletzen oder sogar töten kann.

Was in dieser Gegend besonders auffällt, sind die ausgesprochen hübschen Bauerndörfer, die so wirken, als wären sie für den Fremdenverkehr tip top herausgeputzt. Dem ist aber nicht so, vielmehr muß dies als Ausdruck des uralten Bauernstolzes angesehen werden, der den Basken nachgesagt wird. Interessant an den sauberen weißen Häusern ist die immer wiederkehrende Architektur, fast alle Häuser haben zwei aus roten Sandstein filigran gearbeitete Portale, eines für die Menschen, das andere für das Vieh. Über dem Portal findet man häufig das zum Kreis gerundete Hakenkreuz, ein uraltes baskisches Zeichen oder Symbol, dessen Bedeutung nirgends so recht zu erfahren war.

Überhaupt sind die Basken ein merkwürdiges Volk, dessen Herkunft im Dunkeln liegt, zumal auch die baskische Sprache nicht zum indogermanischen Stamm gehört, sie ist die einzige nichtindogermanische Sprache Westeuropas. Es gibt Theorien, die die Herkunft dieses Volkes damit erklären, daß dieser Volksstamm in grauer Vorzeit aus Asien in diesen Teil der Pyrenäen eingewandert ist, dies sind jedoch alles Spekulationen, die nicht belegbar sind. Nur ein kleiner Teil des Baskenlandes, insgesamt drei Provinzen, liegen auf französischen Territorium, der Großteil liegt in Spanien.

So wie die Franzosen ihren Bouleplatz meist im Ortszentrum angelegt haben, haben die Basken den sogenannten Fronton, eine meist rosa getünchten Wand mit einem barockgeschwungenen Oberteil, gegen die beim Pelotaspiel, dem baskische Nationalsport, der Ball geschlagen wird. Dieses Gebilde dient jedoch nicht nur zum Pelotaspiel, sondern hat ähnlich wie der altgermanische Thing noch eine ganz andere Funktion. Man trifft sich hier zu einem Schwätzchen nach dem Kirchgang, aber auch zu Versammlungen aller Art, zur baskischen Folklore, Musik und Tanz, die traditionell den Männern vorbehalten sind. Zudem findet hier das traditionelle Kräftemessen in bäuerlichen Sportarten statt, das mittlerweile Touristenattraktion geworden ist. Touristen belassen es lieber beim Zuschauen, da die hiesigen Wettkämpfer stark wie Stiere sind.

So schön das Baskenland in der Tat ist, so hinterläßt der Name einen faden Beigeschmack durch die allseits bekannten Aktivitäten der ETA und deren Bombenleger. Aber der Besucher des französischen Teils kann beruhigt sein, da die ETA ihre Aktivitäten meist auf den spanischen Teil beschränkt und nur dort operiert. Im Grunde bemerkt man diese Tatsache erst, wenn man die Grenze passiert; da die spanische Polizei vermutet, daß sich zahlreiche ETA-Terroristen im französischen Baskenland verstecken, kommt es desöfteren zu eingehenden Fahrzeug- und Personenkontrollen, die allerdings einen treu-doof dreinblickenden ausländischen Biker oft verschonen. Zumindest ging es mir so.

Protestgrafitis finden sich häufig im Baskenland. Dieses richtet sich gegen die Atompolitik.

EUSKADI
KANPO
ANETIK

Baskisches Bauernhaus

Weiter auf der Tour

Nach diesem kurzen Ausflug zu Land und Leuten und in das typische Baskenstädtchen St. Jean-de-Pied-de-Port sollte man die Reise auf der D 933 bis *Larcevau* fortsetzen und dort auf die D 918 einbiegen, die pursten Fahrspaß bietet, eine relativ gut ausgebaute, aber schwach befahrene Straße mit jeder Menge Kurven.
Nach etwa zehn Kilometern erreicht man den *Col d'Osquich*, von dem man einen herrlichen Blick in Richtung Nordwesten über das hügelige Baskenland und in entgegengesetzter Richtung auf die in der Ferne liegenden Kämme der Pyrenäen hat.
Recht kurvig führt die Straße vom Paß hinunter in das Tal des Gave nach *Mauléon-Licharre*. Hier sollte man sich auf die Suche nach der Fortführung der D 918 in Richtung *Tardets-Sorholus* machen, was nicht ganz einfach ist, denn man muß schon dreimal um die Ecke schielen. Ist sie endlich gefunden, erwartet den Fahrer eine landschaftlich reizvolle Strecke entlang dem Fluß Gave, die einige verträumte Weiler streift.
Bis *Aramits* verläuft die Strecke in einem zarten Auf und Ab. Allerdings sollte man einen Kilometer vor Aramits auf die D 133 in Richtung *Arette* ausweichen, da diese Strecke für Schräglagenfreaks geradezu prädestiniert ist. Das Wahnsinnssträßchen führt durch den Bois de Bugangue und erfordert einige Konzentration.
Erst die letzten sieben Kilometer bis *Lurbe-St. Christeau* sind etwas erholsamer, was sich aber sehr bald ändern wird, denn die Fortsetzung der D 918 bis *Arudy* (22 km) ist gerade im mittleren Abschnitt besonders kurvig und führt durch eine fantastische Wald-, Wiesen- und Feldlandschaft. Vor Arudy, respektive dem Ortseingang, knickt die D 918 in Richtung Süden ab und führt durch die Gorges du Pont Germe bis *Izeste* und ein paar Meter weiter nach Louvie-Juzon. Von hier sollte man sich nach der D 35 bis *Asson* orientieren, die ähnliche Reize wie die vorherige Strecke bietet.
Langweiliger wird es erst auf den letzten Kilometern, insbesondere auf der Folgestrecke bis zur D 937 in Richtung *Lestelle-Bétharram*. Trotzdem sollte man diese Route wählen, denn wie schon erwähnt, wartet an dieser Strecke eine außergewöhnliche Laune der Natur auf, die *Grottes de Bétharram* mit ihren verschiedenen Etagen und der unterirdischen Höhlenbahn.
Danach verbleiben noch etwa zehn Kilometer entlang dem Gave de Pau, vorbei am Lac de Lourdes (wer will kann hier eine Runde Tretbootfahren einlegen) bis hin zum berühmten *Lourdes*.
Manchem Leser mag es merkwürdig erscheinen, gerade diese Stadt als Standort zu wählen. Das hat

weniger etwas damit zu tun, daß ich jede(r)m Biker(in) raten möchte, sich mit der heilenden Kraft des dortigen Wässerchens anzufreunden, um die unterschiedlichsten Blessuren zu behandeln, jedoch eignet sich Lourdes als idealer Standort für Exkursionen in die Zentralpyrenäen.
Nichtsdestotrotz einige Informationen zu dieser Stadt für alle Bildungshungrigen aus der Zweiradbranche.

Lourdes

Ohne Zweifel ist Lourdes die berühmteste Wallfahrtsstätte der Welt, insbesondere natürlich die Grotte de Massabielle, die zigtausendfach in katholischen Dörfern und Städten nachempfunden wurde. Die Geschichte erzählt, daß 1858 der Müllerstochter Bernadette Soubirous in dieser Höhle die Mutter Gottes erschien. Während einer dieser Marienerscheinungen, sprudelte plötzlich die Quelle hervor. Heute ist sie in ein ordentliches Becken gefaßt und sprudelt noch immer vor sich hin. Diesem Wasser werden wunderliche Dinge nachgesagt und es soll vielen Kranken geholfen haben. Das hatte die Folge, daß immer mehr Pilger zu dieser Grotte kamen und noch kommen. Heute sind es nicht weniger als fünf Millionen Menschen, die den Weg alljährlich hierher finden. Im Jahre 1933 wurde Bernadette heilig gesprochen. Die Grotte liegt am Ufer des Pau, der hier eine Schleife durch die Stadt mit ihrer "Cité religieuse" zieht.
Ein ganzer Komplex ober- und unterirdischer Kirchen im neobyzantinischen und neugotischen Stil wurden hier inzwischen errichtet. Zahlreiche Marienstatuen wurden aufgestellt, eine davon aus Carramarmor in der Grotte selbst. Im Pavillon Notre Dame zeigt ein Museum Dokumente und Erinnerungsstücke an die Müllerstochter Bernadette. Auch wurden einige Häuser der Umgebung, die unmittelbar mit dem Ereignis in Verbindung stehen, als Erinnerungsstätten eingerichtet, wie auch die Mühle Moulin de Boly, in der 1844 Bernadette das Licht der Welt erblickte.
Unter den genannten Aspekten ist Lourdes keinesfalls ein Urlaubsziel, höchstens wie bereits erwähnt ein Standort, um Touren in die Zentralpyrenäen zu unternehmen. Es sind weniger die Pilger, die den Ort prägen, als vielmehr die zahllosen Kranken, die in Rollstühlen oder auf Bahren zu der Grotte gekarrt werden und dort auf ein Wunder hoffen.
Grauenvoll ist der Geschäftssinn, der Kommerz, der mit diesen Einrichtungen getrieben wird. Einmal von den total überladenen, unzähligen Souvenirschuppen abgesehen, läßt sich an jeder Ecke ein

Kanister von einem bis fünf Liter Inhalt für Unsummen erstehen, um für irgendwelche Wunder zuständige Wässerchen mit nach Hause schleppen zu können. Der Inhalt dieser Kanister, das Wunderwasser, kostet natürlich dementsprechend viel Geld. Man fühlt sich hier wirklich ins tiefste Mittelalter versetzt, als der Klerus die Freifahrtsscheine zum Himmel, den sogenannten Ablaß, an die Gläubigen verkaufte, um sie vor der Hölle zu bewahren.

Zurück zu dem eigentlichen Sinn und Zweck des Aufenthalts, den Rundreisen in die Zentralpyrenäen, und dazu mein erster Vorschlag, der in zwei Varianten zerfällt.

Zu bestimmten Tageszeiten wirken viele Pyrenäenorte wie ausgestorben

Rundreisen ab Lourdes

Route A

Lourdes - Argelès-Gazost - Arrens - Col d'Aubisque - Arbéost - Arthez d'Asson - Lestelle-Bétharram - Lourdes
Streckenlänge ca. 106 km

Von Lourdes führt zunächst die N 21 auf 13 km bis *Argelès-Gazost*, die, mit einigen Kürvchen gespickt, in ihrem ganzen Verlauf sehr gut ausgebaut ist und als wichtige Verkehrsverbindung nach Süden auch von Schwertransporten genutzt wird. Man wurde diesem Anspruch dahingehend gerecht, indem insbesondere die Steigungen und die Kurven vierspurig ausgebaut sind, was ein zügiges Vorankommen garantiert.

Am Ortseingang von Argelès zweigt die D 918 Richtung Arrens (Aucun) ab, aber Achtung, das Hinweisschild ist leicht zu übersehen; wer an der Tankstelle angekommen ist, ist bereits hundert Meter zu weit gefahren.

Erst nach dieser Abzweigung wird es spannend, denn die Straße wartet gleich mit einigen engen Kehren auf, die zum Eingewöhnen ganz gut geeignet sind. Trotzdem sollte man nicht allzu forsch um die Ecken brettern, im weiteren Verlauf gibt es einige Weiden und viel weidendes Vieh, das sich einen Teufel darum schert, wo sich die Toilette befindet.

Mit einigen hochprozentigen Steigungen (15 %) führt es hinauf zum verschlafenen Weiler *Aucun* und kurz danach bis *Arrens*, das 900 m hoch liegt - entsprechend karg wird die Landschaft und der Blick auf die rauhen Gipfel verrät bereits, was von der Strecke noch zu erwarten ist. Nach der Ortschaft wächst das Fahrvergnügen auf einer kurvenreichen Straße in luftigen Höhen.

Auf den folgenden acht Kilometern bis zum *Col du Soulor* überwindet man immerhin 600 Höhenmeter. Das bedeutet, man muß mit kräftigen Steigungen bei der Anfahrt rechnen. Auf dem Paß gibt es eine recht ansprechende Paßhütte, zu der ein Bistro gehört. In diesem Restaurant wird ein fantastischer Bergkäse angeboten, natürlich in den verschiedensten Zubereitungsarten, den man sich in Verbindung mit einem Glas Rosé nicht entgehen lassen sollte. Den Bergschafskäse kann man auch zu extrem niedrigen Preisen in dem Bistro kaufen.

Die Folgestrecke zum Col d'Aubisque ist mit besonderen Schwierigkeiten gespickt, zumal die Strecke auch mit "Route dificile ou dangereux" gekennzeichnet ist (deutsch: schwierig oder gefährlich). Und wenn die Franzosen schon mit diesen Prädikaten um sich werfen, muß man dies wirklich ernst nehmen. Aus eigener Erfahrung muß ich gestehen, daß, mit einer Tourenmaschine bewaffnet, die Strecke mit allerhöchster Vorsicht zu genießen ist. Nicht nur, daß diese Straße mit einer Qualität aufwarten kann, die so manch(e-r)en Biker(in) die Haare zu Berge stehen lassen, da die Strecke zum Abgrund völlig unbefestigt ist. Und somit der kleinste Ausrutscher zum Verhängnis wird. Die oben erwähnten Schwierigkeiten dieser Strecke werden noch durch teils sehr tiefe Schlaglöcher, die ein Slalomfahren erfordern, ergänzt. Besondere Vorsicht ist auf den ersten Kilometern, bei der Durchfahrt durch die in den Fels gehauenen Tunnels geboten, da die hier grasenden Kühe und Ochsen die Tunnels mit dem heimischen Stall verwechseln und haufenweise das verarbeitet Gras in Form gewaltiger Fladen hinterlassen, die natürlich für den entsprechenden Bodenkontakt sorgen.

Dennoch besitzt diese Route eine ungeheuren Reiz, da sie an den verschiedensten Stellen wunderschöne Ausblicke auf die beeindruckenden Gipfel dieses Pyrenäenabschnittes bietet. Schließlich thront der *Col d'Aubisque* auf 1750m. Man sollte von hier das Panorama auf den Parc National des Pyrénées und weiter westlich auf den fast 3000 m hohen Pic du Midi d'Ossau genießen. Angesichts dieser Felsformation wird fast jeder Tiefschnee-Skifahrer neidisch, da zwischen den einzelnen Zacken noch genügend Schnee liegt, um eine deftige Abfahrt hinzulegen.

An diesem Punkt bieten sich für die weitere Rundreise zwei interessante Alternativen an, wobei ich zunächst einmal die kürzere Variante vorstellen möchte. Diese hat im Grunde einen Nachteil, der sich aber auch vorteilhaft auswirken kann, zumindest für die Liebhaber schwieriger Strecken. Man muß nämlich die Rückreise über die difizile Strecke bis zum *Col du Soulor* mit all den beschriebenen Tücken antreten, wobei man möglicherweise und zur Abwechslung mal weniger mit den Exkrementen gewisser Viecher zu kämpfen hat als mit diesen Tieren selbst, da diese von Zeit zu Zeit über die Straße latschen.

Vom Col de Soulor fährt man auf der D 126 in nördlicher Richtung hinunter in ein sehr schönes Tal. Die Strecke ist sehr eng, mit zahlreichen Kurven gespickt und führt auf den ersten Kilometern nur abwärts durch belaubte Areale, wodurch Rutschpartien nicht ausgeschlossen sind. Vorsicht!!!

Ab Arbéost folgt das muntere Sträßlein dem kleinen Fluß Ouzom und kreuzt diesen mehrfach. Aufgrund der Enge des Tals erlebt man so manche Kuriositäten, be-

TARDETS

gan

dingt durch die Enge und den Flußverlauf bleibt kein Platz für eine normale Fahrbahn, so wurde kurzerhand die Straße in zwei voneinander entfernte Fahrbahnen geteilt, die durchaus auch einmal einen größeren Felszacken umrunden. Es ist eine höchst interessante Strecke, zumal auch die an der Straße liegenden Dörfer äußerst sehenswert sind und ab und an zu einer Pause einladen.
In Pont-du-Moulin sollte man auf die D 226 in Richtung *Lestelle-Bétharram* ausweichen - eine herrlich gewundene Wald- und Wiesenstrecke, die sehr schmal ist und mit entsprechender Umsicht gefahren werden will. Wenn einem dort ein Auto begegnet, ist die Straße schon mehr oder weniger überfüllt. In *Lestelle* sollte man einen kurzen Blick in die alte romanische Kirche werfen, sie ist berühmt für ihre bleiverglasten Fenster. Zwei Kilometer weiter erreicht man die *Grottes des Bétharram*, die man einfach besichtigen muß.
Wer die oben angesprochene Route erweitern will, dem sei folgendes empfohlen:

Route B

Lourdes - Col d'Aubisque - Eaux-Bonnes - Louvie-Jouzon (Arudy) - Lourdes
Streckenlänge ca. 125 km

Zunächst fährt man bis zum *Col d'Aubisque*, wie bereits beschrieben. Man bleibt auf der D 918 und fährt in zahlreichen Kurven und Kehren hinunter in Richtung *Eaux-Bonnes* und in das Tal des Ossau. Vom Col d'Aubisque hat man einen fantastischen Blick auf den Gipfel des südlich gelegenen Pic de Ger und wer genau hinschaut, entdeckt die auf diesen Berg führende Seilbahn. Hat man die vier Kilometer vom Paß her sehr steil hinunter nach Gourette führende Straße hinter sich gebracht, kann man bis in den Fühsommer eine Runde auf Skiern wedeln oder fährt aber ein paar Kilometer weiter bis zu den Wasserfällen Cascades du Valentin. Dies ist jedoch nur kältebeständigen und standfesten Naturen zu empfehlen.
Die Strecke ab *Laruns* auf der D 934 bis Louvie-Juzon (11 km) entlang dem Ossau ist verhältnismäßig langweilig. Interessanter ist der parallel laufende betonierte Feldweg, die D 240, von der man kurz nach Aste (ca. 4 km hinter Laruns) einen Abstecher nach *Le Tousseau* unternehmen kann. In unzähligen, affengeilen Kehren

Enge in den Fels gehauene Sträßchen, die zudem oft ungesichert sind, lassen das richtige Pyrenäen-Feeling aufkommen.

schraubt man sich regelrecht in die Höhe. Es handelt sich hier kaum um eine Straße und somit ist diese Strecke eher für Endurofahrer geeignet. Die Fahrt lohnt sich aber allemal, denn dort oben bietet sich ein herrliches Panorama.

Von Louvie-Juzon folge man der bereits beschriebenen D 35 nach Lestelle-Bétharram und weiter nach Lourdes.

Der aufmerksame Kartenleser wird sich beim folgenden Rundreisevorschlag wahrscheinlich die Haare raufen, was im ersten Moment angesichts des Straßenverlaufs vielleicht gerechtfertigt erscheint. Diesbezüglich erscheint es sinnvoll, das ganze Gepäck in

Lourdes auf dem Campingplatz zu lassen, da diese Rundreise mit fast schon motorsportlichen Raffinessen gespickt ist.
Ein weiterer Einwand könnte darin bestehen, man könnte den Großteil dieser Route in die Reise Richtung Mittelmeer einbeziehen. Dies ist meiner Ansicht nach nur bedingt richtig, da sich für die West-Ost Passage eine weit interessantere Variante anbietet.

Rundreise von Lourdes in östliche Gefilde

Lourdes - Argelès-Gazost - Col du Tourmalet - Col d'Aspin - Arreau - La Barthe-de-Nest - Bagnères-de-Bigorre - Lourdes
Streckenlänge: 165 km

Ohne Zweifel bietet diese Rundreise einen absoluten Höhepunkt für passionierte Motorradfahrer. Hinzu kommt, daß man sich bei einigen Etappen in den wildesten Ecken der Pyrenäen herumtreibt.
Die Strecke bis Argèles ist ja bereits bekannt und die nächsten sechs km bis *Pierrefitte-Nestalas* sind nicht besonders aufregend. Spannender, fahrtechnisch anspruchsvoller und zum Eingewöhnen entpuppen sich die folgenden 18 km durch die *Gorges de Luz*, eine ungemein abwechslungsreiche Strecke in einer sich immer mehr verengenden Schlucht, die von steil aufragenden Felswänden begrenzt wird. Die Straße ist sehr gut ausgebaut, so daß man die landschaftlichen Aspekte voll genießen kann. Abwechslung findet man auf dieser Strecke (D 921) allemal, insbesondere durch die natürlichen Tunnel, die zu durchfahren sind.
In *Luz-St.-Sauveur* müßte man fast zu den Würfeln greifen, um sich für eine Alternative zu entscheiden.
Hier besteht die Möglichkeit eines kleinen Abstechers in ein ungemein interessantes Gebiet, den *Cirque de Gavarnie*. Als ein Kolosseum der Natur hat einst Victor Hugo diesen Felskessel bezeichnet, der den Abschluß des Vallée de Gavarnie bildet. Auf ca. 1600 m Höhe liegt der "Fußboden" dieses Kessels, der von etlichen Dreitausendern eingerahmt wird. Folgt man der Theorie, daß dieser Kessel, der ja etliche Quadratkilometer umfaßt, durch einen Einbruch entstand, läßt sich vor Ort nur noch bewundern, welche Launen die Natur mitunter hat.
Von *Luz-St.-Sauveur* sind es etwa 20 km in südlicher Richtung bis zu diesem "Natur- Schauspiel".
Ansonsten setze man die Fahrt ab Luz St. Sauveur auf der D 147 fort, die mit jedem Kilometer spannender wird, zumal es sich um den Aufstieg zum *Col du Tourmalet* handelt, der ja einigen aus den Berichterstattungen der Tour de France bekannt sein wird.
Die ersten der insgesamt 18 km auf dieser Strecke sind noch einiger-

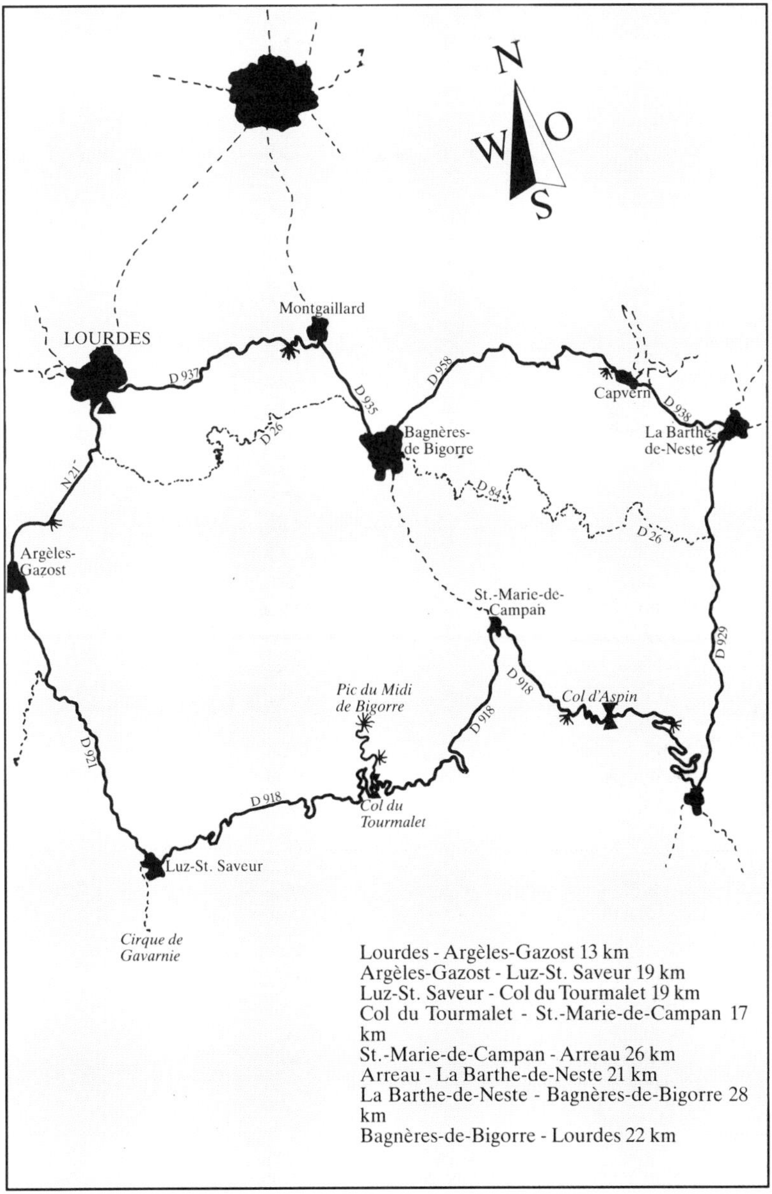
N
W
O
S
Montgaillard
LOURDES
D 937
D 935
D 958
D 26
Bagnères-
de Bigorre
Capvern
D 938
La Barthe-
de-Neste
N 21
D 84
D 26
Argèles-
Gazost
St.-Marie-de-
Campan
D 929
D 918
Col d'Aspin
Pic du Midi
de Bigorre
D 918
D 921
D 918
Col du
Tourmalet
Luz-St. Saveur
Cirque de
Gavarnie
Lourdes - Argèles-Gazost 13 km
Argèles-Gazost - Luz-St. Saveur 19 km
Luz-St. Saveur - Col du Tourmalet 19 km
Col du Tourmalet - St.-Marie-de-Campan 17 km
St.-Marie-de-Campan - Arreau 26 km
Arreau - La Barthe-de-Neste 21 km
La Barthe-de-Neste - Bagnères-de-Bigorre 28 km
Bagnères-de-Bigorre - Lourdes 22 km

Diese ewige Kurverei zerrt an den Nerven

maßen gemütlich, da sich die Straße durch ein weites Tal langsam in die Höhe schraubt. Das sollte aber nicht täuschen, denn spätestens nach dem Weiler *Barèges* ist für die weitere Fahrt absolute Konzentration angesagt. Die Straße ist nicht gerade in einem Top-Zustand und zudem herrscht noch einiger Verkehr und was das Schlimmste ist, durch die Schneeschmelze im Frühsommer ist die Straße mit gehörigen Portionen Steinchen und diversen Bächlein bedeckt bzw. überschwemmt.
Angesichts dieser Verhältnisse muß man feststellen, daß die Kollegen aus der radelnden Zweiradbranche sehr wagemutig sind. Diese Strecke im Rahmen der Tour de France mit ihren zerbrechlichen Zweirädern in Angriff zu nehmen und last not least mit 90 Stundenkilometern hinunterzurasen, erscheint mir absolut mörderisch. Ich würde keinem raten, dies mit dem Motorrad auszuprobieren, bestenfalls einem ausgebufften Bergrennprofi, denn die Strecke ist heimtückisch wie sonst was.
Das gemütliche Bummeln erscheint mir eher angebracht zu sein, denn das umliegende Bergpanorama ist gelinde gesagt traumhaft und bietet einen weit größeren Genuß, als über einer der Rampen abzurutschen, um sich hunderte von Metern tiefer zu finden.
Auf der Paßhöhe (2114 m) bietet sich ein umwerfender Blick über die zahlreichen Gipfel, Kämme und Ketten der Pyrenäen. Diesem Rundumblick kann man noch die Krone aufsetzen, indem man die mautpflichtigen 5,5 Kilometer auf einer Schotterpiste bis zum Pic du Midi de Bigorre auf die stattliche Höhe von 2865 m erklimmt. Vorsicht ist geboten, diese Strecke ist von Fußgängern stark frequentiert.
Nicht ganz so kriminell, aber dennoch mit Vorsicht zu genießen, ist die Fahrt hinunter zum Wintersportort *La Mongie*, eine typisch französische, potthäßliche Winterretorte. Besondere Aufmerksamkeit ist deshalb geboten, weil im Frühsommer noch die Streugutreste die Straße verzieren, was ja bekanntlich zu etlichen Ausrutschern führen kann. Außerdem tummeln sich um diese Jahreszeit zahlreiche muhende Vierbeiner auf den Hochalmen, die nicht nur versuchen, den Passanten ein Bein zu stellen, sondern vielmehr ihre (Nicht)-Anwesenheit durch die verdauten Heufladen nachdrücklich unter Beweis stellen.
Besonders schlimm wird es nach dem mondänen Wintersportort in den Tunnel- und mit Arkaden geschützten Abschnitten. Daß diese Ecke der Pyrenäen recht rauh ist, haben auch die grasenden Milchfabriken festgestellt und ziehen sich logischerweise bei unwirtlichen Wetterbedingungen in die Tunnels und überdachten Streckenabschnitte zurück.
Die Folgestrecke entlang der

"Pfütze" Adour de Gripp hinunter ins Tal bis *Ste. Marie-de-Campan* gestaltet sich spätestens ab Bagnet als reinste Erholung. Das gleiche gilt für die ersten Kilometer in südöstlicher Richtung bis zum 200 m höher gelegenen Dorf *Espiadet*, wo eine kleine Pause zu empfehlen ist, da der folgende Paß, der zu bewältigen ist, seine eigenen Qualitäten besitzt.
Die ersten Kehren sind so richtig zum neuerlichen Warmfahren geeignet, danach führt die Strecke fast gemächlich auf die Paßhöhe (1489 m) des *Col d'Aspin*, eine weitere Tour de France-Sonderprüfung. Auf dem Paß ist ein herrliches Panorama zu genießen.
Sehr viel interessanter wird die Abfahrt auf der D 918 hinunter nach *Arreau*, wo man schon nach wenigen Kilometern einen irren Blick in das Tal der Neste hat. Was bei dieser Fahrt besonders "anmacht", sind die vielen Serpentinen, die in zahlreichen Etagen angelegt sind. In Arreau angekommen, trifft man auf das Flüßchen Neste, dem man in nördlicher Richtung folgt.
Nun muß man im Vergleich zu den vorangegangenen Streckenabschnitten gewaltige Abstriche machen, da die folgenden 20 km bis *La Barthe-de-Neste* entlang dem Fluß Neste kaum berauschend sind. Zwar führt die Route durch eine landschaftlich abwechslungsreiche Region, die mit Weideland, Hügeln und vielen "Buckeln" durchsetzt ist, aber es herrscht deftiger Verkehr, da es sich hier um eine der wenigen Nord-Süd-Verbindungen handelt.
In La Barthe-de-Neste angekommen, bietet sich für die Rückfahrt nach Lourdes zuerst die D 958 bis *Bagneres-de-Bigorre* und später die Fortsetzung über die D 937 an. Einzelheiten zu dieser Strecke entnehme man der Anfahrtsbeschreibung zum Atlantik, da hier die Routen deckungsgleich sind.

Fahrt von Lourdes zum Mittelmeer

Nach diesen Rundreisen rund um Lourdes ist es Zeit, das Köfferchen zu packen und die Weiterreise gen Osten, sprich Mittelmeer ins Auge zu fassen.

An dieser Stelle wäre eine Variante, wie bereits angkündigt, denkbar, die zwar keine Klettertour wie auf den Tourmalet erfordert, dennoch in Anbetracht der Tatsache, daß sich das ganze Gepäck auf dem Motorrad befindet, nicht minder strapaziös ausfällt.

Spätestens jetzt bzw. nach der Ankunft in Arreau wird verständlich, warum ich gerade die letzte Rundreise über den Tourmalet vom Standort Lourdes empfohlen habe. Denn mit dem ganzen "bagage" wird der Trip über die beschriebenen Pässe zur Qual und das ist unnötig.

Den folgenden Streckenverlauf bis zum Mittelmeer entnehme man der Übersichtskarte. Die ersten 3,5 km sollte man auf der nun mittlerweile gut bekannten N 21 in Richtung Argelès abspulen und sich danach auf die höchst abwechslungsreiche D 26 begeben. Ein Sträßchen, das gleichermaßen Vor- und Nachteile bietet. Einerseits herrscht wenig Verkehr und läßt sich somit zügig und genüßlich fahren, andererseits reiht sich hier mal wieder Kürvchen an Kürvchen

Der Col du Tourmalet – einer der härtesten Hürden auf der berühmten „Tour de France“.

im Wechsel mit einem ständigen Auf und Ab in einer mittelgebirgsartigen Landschaft. Auf den 20 km dieser Strecke liegen bis auf Bagnères-de-Bigorre so gut wie keine Ortschaften.

Ab und an taucht ein verlassener Bauernhof auf. Den "Gichties" unter den Bikern seien die Thermalbäder in Bagnères-de-Bigorre wärmstens ans Herz gelegt, eine Möglichkeit, um die geplagten Knochen zu entspannen. In der Altstadt läßt sich übrigens feststellen, daß in früheren Jahren hier der Marmor ein erschwinglicher Baustoff war.

Von Bagnères-de-Bigorre bieten sich drci Möglichkciten weiter gen Osten vorzustoßen. Zwei davon wurden im Verlauf der vorherigen Rundreise ab Lourdes beschrieben. Es war die D 938 nach La Barthe-de-Neste und der Abschnitt Ste. Marie-de-Campan über den Col d'Aspin hinunter nach Arreau. Von Bagnères bis zum Anstieg zum *Col d'Aspin* sind noch zwölf km in südlicher Richtung zu bewältigen, in deren Verlauf man die *Grottes de Médous* erreicht, die mit ihren wunderschönen Stalakmiten und Stalaktiten aufwartet, die man nicht alle per

pedes abzuklappern braucht, da man einen Teil der Strecke mit einem Boot auf dem unterirdisch fließenden Adour zurücklegen kann.
Eine Fahrt auf der D 84 wäre eine dritte Variante, im Grunde genommen die Fortsetzung der D 26 von Lourdes. Dieses ist eine Feld-, Wald- und Wiesenstrecke, auf der man völlig unbeschwert dahintukkern kann, zumal bestenfalls ein Hase über die Straße hoppelt.
In *Hèches* trifft man dann auf die D 929 im Vallée d'Aure und fährt von hier in südlicher Richtung bis *Arreau*. Nach Arreau steht mal wieder ein Paß auf dem Programm, der *Col de Peyresourde* (1569 m), den man auf der D 618 entlang des Flüßchens Neste du Louron ansteuert. Auf der Paßhöhe hat man einen sagenhaften Blick auf die südlich gelegenen Gipfel der Zentralpyrenäen mit einigen Dreitausendern.
Sehr abwechslungsreich und nicht ganz ungefährlich ist die Fahrt abwärts zum Ferienort und Kurstädtchen Luchon (offiziell nennt sich der Badeort Bagnères-de-Luchon), den man urplötzlich etwa vier km hinter einer Kehre aus der Vogelperspektive ausmacht.
Luchon liegt in einem grünen Kessel nahe der Grenze und zu Füßen des höchsten Bergmassives der Pyrenäen, der Maladeta-Gruppe mit dem Gipfel des Pic de Aneto (3404 m), die man bereits vom vorherigen Paß bewundern konnte. Wer hier kurz kuren möchte, ist goldrichtig. Mehr als 70 Quellen, schwefel-, eisen-, kalziumhaltig oder auch radioaktiv mit Temperaturen bis zu 67 Grad C stehen den Thermalfreaks zur Verfügung.
Von Luchon fährt man auf der gut ausgebauten D 125 bis *Cierp* (ca. 16 km), wo man auf die nach Osten abzweigende D 44 über Marignac bis *St. Béat* ausweichen sollte, denn gerade dieses St. Béat ist eine eigenwillige und sehenswerte Ortschaft. Am Ufer der Garonne, an der die wichtige N 125 entlang führt, blieb nur wenig Platz und Spielraum für die Häuser, so daß diese regelrecht an die Felswände hingeklebt wurden - ein außergewöhnlicher Anblick.
Von hier bleibe man für ca. sechs Kilometer auf der N 125 bis *Fronsac* und biege dort auf die D 618 in Richtung *St. Girons* ab, in deren Verlauf zwei Pässe ihre Aufwartung machen.
Die gesamte Strecke ist durch die bewaldete Mittelgebirgslandschaft so richtig zum Verlieben, da sie mit allen Prädikaten aufwartet, die das Motorradfahren zum Genuß werden lassen. Wenig Verkehr, zufriedenstellender Straßenbelag und natürlich Kurven en masse. Den ersten Paß erreicht man schon nach wenigen Kilometern, es ist der knapp 800 m hohe *Col des Ares*, der einen beschaulichen Rundblick zuläßt. In zahlreichen Kurven und Kehren geht es hinunter zum verschlafenen Dorf Juzet und weiter zum Drei-Häuser-Dorf Sengouagnet.

Die folgenden fünf Kilometer sind recht angenehm zu fahren, das ändert sich jedoch beim Aufstieg zum *Col de Portet d'Aspet* auf einer Höhe von 1069 m, da die D 618 an einigen Stellen extrem steil ansteigt (bis zu 15 %). Dafür entschädigt der Rundblick auf der Paßhöhe. Die restlichen 30 km bis St. Girons sind dann nicht mehr so extrem und daher recht gemütlich zu fahren.

Wer vom Atlantik in einem Tag hierher gereist ist, wird sicher übernachten wollen, und nun erinnere man sich an den bei der Anreise besprochenen Campingplatz in *Segalas*, den man von St. Girons auf der D 117 ansteuern kann.

Danach bleibe man bis *La Bastide-de-Serou* auf der D 117 und biege am Ortsausgang auf die D 15 ab, die mehr oder minder parallel zur D 117 ebenfalls nach *Foix* führt. Das hat den Vorteil, daß man zum einen der Rennstrecke D 117 und dem damit verbundenen starken Verkehr entgeht. Zum anderen ist die Parallelroute ausgesprochen schön und führt durch Wälder, die immer wieder von weiten Feld- und Weideland unterbrochen werden. Die D 15, die kurze Zeit später in die D 21 übergeht, sieht bestenfalls ab und zu einen Traktor oder ein altes Männchen, das seinen Hund Gassi führt. Es ist ein absolut genußvolles Fahren und manchmal gewinnt man den Eindruck, am Ende der Welt zu sein.

In Foix angekommen, sollte der Fotoapparat ausgepackt werden,

Wer denkt hier noch an schnelles Fahren?

Schlösser und Burgen finden sich überall in den Pyrenäen

um die drei Türme des Grafenschlosses zu knipsen, welches auf einem Felszacken thronend das Stadtbild beherrscht.

Ansonsten folge man der N 20 nach Süden, die ausgezeichnet ausgebaut und in eine herrliche Landschaft eingebettet ist; auch wenn viel Verkehr herrscht , ist der Fahrgenuß groß. Nach 15 km landet man in *Tarascon-sur-Ariège*, in dessen Süden man zahlreiche Grotten findet, die teils schon im Mittelalter bekannt waren und häufig mit den Katharern in Verbindung gebracht werden. Mithin die bekannteste Höhle ist die *Grotte de Niaux*, die zehn km südlich von Tarascon liegt und in der zahlreiche steinzeitliche Höhlenmalereien entdeckt wurden. Es handelt sich hauptsächlich um Tierdarstellungen wie Bisons, Pferde etc.

Bleibt man auf der N 20 in südlicher Richtung, trifft man nach drei km in *Ussat* auf den hoch über der Straße gelegenen Eingang zu den *Grottes des Lombrives*, die eine bewegte Geschichte kennzeichnen. Wie alle Höhlen in diesem Gebiet dienten auch Lombrives, einst ein unterirdisches Strombett, dem prähistorischen Menschen als Wohnstätte, was entsprechende Funde belegen.

Viel später hauste hier ein Stamm der pyrenäischen Iberer, die Bebryker. Durch sie verbindet sich mit diesem herrlichen, unterirdischen Felsenpalast die Legende von Pyrene, der schönen Tochter des Königs Bebryx, die an ihrer unglücklichen Liebe zum tyrischen Herkules zugrunde ging und der die Pyrenäen ihren Namen verdanken.
Die Felsenhallen zeigen viele legendäre Kalzit-Formationen, ihre Wände sind mit geheimnisvollen Symbolen und Inschriften aller Jahrhunderte bedeckt. Großartiges Herzstück der Kaverne ist die "Kathedrale der Katharer" (die Höhle war nach dem Fall der Katharerburg Montségur im Jahre 1244 Sitz des Katharerbischofs Amiel Aicard). Im oberen Höhlenbereich befindet sich der Friedhof der im Jahre 1328 eingemauerten 510 Katharer, die sich hier versteckt hielten.

Nach diesem geschichtlichen Exkurs folge man der N 20 bis zum Thermalbad und Wintersportort *Ax-les-Thermes*, der inmitten einer eindrucksvollen Bergwelt gelegen ist. Von hier böte sich die Möglichkeit ins Steuer- und Einkaufsparadies Andorra weiterzureisen. Dies ist für diejenigen, die an einem Tag von Segalas herkommend den bisherigen Tourenbeschreibungen ge-

Die Straße scheint im Fels zu verschwinden

folgt sind und das Mittelmeer noch erreichen wollen, nahezu unmöglich.

Weiterhin gilt es zu bedenken, daß es eine Tortur ist, mit einer schwerbepackten Tourenmaschine über die äußerst anspruchsvollen Pässe nach Andorra zu klettern. Daher empfehle ich von Ax folgenden Vorschlag ins Auge zu fassen. Man sollte sich am Abend am Mittelmeer niederlassen und erst in den darauffolgenden Tagen ohne Gepäck einen Ausflug nach Andorra unternehmen, eine angenehme Tagestour.

In Ax suche man mit einiger List die D 613, die nach *Ascou* führt. Es ist eine verrückte kleine Straße, die sich mit einigen ganz engen Kehren auf wenigen Metern in luftige Höhen schlängelt, wo man einen schönen Blick auf das weit unten liegende Ax hat.

Am Ortseingang von Ascou zweigt in einer Kehre die D 25 ab, der man folgen sollte, obwohl sich anfänglich der Eindruck einstellt, es handele sich um eine verbreiterte Einfahrt zu einer herrschaftlichen Villa.

Drei Kilometer nach Ascou zweigt die D 22 zum 1680 m hoch gelegenen *Col du Pradel* ab. Das Sträßlein, sofern man es noch als solches bezeichnen kann, ist gelinde gesagt ein Hammer. Allererstes Gebot auf dieser Strecke ist allerhöchste Vorsicht und Aufmerksamkeit, dies gilt besonders für den Straßenbelag, der keiner ist, denn er ähnelt einer zusammengestampften Wildwasserroute, der man alle paar Meter irgendwann einmal einen Hauch von Teer verpasst hat. Das hiesige Gras ist jedoch in keinster Weise davon beeindruckt und durchwächst ohne geringste Schwierigkeiten den "Teerbelag". Sind es ausnahmsweise mal nicht die Grasbüschel, die den Fahrer zum Slalomfahren zwingen, so sind es garantiert die unzähligen Schlaglöcher, die hierzu ihren Beitrag leisten. Noch neckischer wird es, wenn irgendein Vehikel versehentlich daherkommt, was Gott sei Dank nicht oft vorkommt. In diesem Fall stellt man das Motorrad am besten ab und trägt es um das Hindernis herum. Die Straße ist derartig schmal, daß selbst zwei nebeneinander fahrende Motorräder für einen Fußgänger ein unüberwindliches Hindernis wären. Aber zugegeben, es macht sehr viel Spaß auf diesen Paß zu klettern, wäre da nicht eine gewisse Kurve, in welcher ich die Maschine zurückstoßen mußte, um die Kurve zu bewältigen. Dies war allerdings bedingt durch meinen prall gefüllten Tankrucksack, der kaum mehr einen Lenkeinschlag zuließ.

Dennoch lohnt die Mühe, wird man auf der Paßhöhe von verdutzt dreinblickenden Kühen freundlich begrüßt und weiß man den tollen Ausblick auf die Gebirgszüge zu schätzen. Vor allem die Folgestrecke entschädigt für alle Strapazen.

Bereits die Abfahrt hinunter nach

La Fajolle ist nicht mehr ganz so schlimm wie der Aufstieg, da die Straße etwas breiter wird und in einem besseren Zustand ist, wenn auch an wenigen Stellen die neugierigen Grasbüschel den Belag durchbrechen. Man merkt eben, daß es sich bei diesem Paß nicht um eine Durchgangsstrecke handelt, sondern auf der einen Seite zum Viehtrieb und auf der anderen Seite zur Holzabfuhr benutzt wird.

Nach La Fajolle wird es landschaftlich gesehen besonders spannend, da die von hier als D 107 ausgeschilderte Straße in und durch eine irrsinnig schöne Schlucht führt. Und ich muß an dieser Stelle neidlos gestehen, von den vielen, die ich kenne, ist die *Gorges du Rebenty* mit das Eindrucksvollste, was mir jemals unter die Räder gekommen ist. Nicht nur, daß man häufig hautnah an den fast senkrechten Felswänden entlang fährt. Es ist der Gesamteindruck, der sich nur schwer vermitteln läßt. Die fast bedrohlich wirkenden Felswände, die gewagte Streckenführung, der einige Meter unterhalb der Straße rauschende Wildbach und dann immer wieder die überhängenden Felsen und die natürlichen Tunnels (sogenannte Defilés), unter denen und durch die man dahinzuckelt, garantieren ein Supererlebnis.

Erst nach *Joucou* öffnet sich die Schlucht in ein etwas weiteres Tal und läßt durch das größere Platzangebot und die nicht mehr so dramatisch angelegte Trassenführung eine zügigere Fahrweise bis *Axat* zu. Hier trifft man auf die D 117 und die Ausläufer der Aude-Schlucht. Ich habe für die von Ax bis hierher gefahrenen 45 km 1 1/2 Stunden gebraucht.

Direkt im Scheitel der Einmündung auf die D 117 befindet sich ein sehr gutes Restaurant (Hotel-Restaurant de Rebenty), wo man sich nach diesen Eindrücken stärken kann.

Ist man bisher in mittelgebirgsähnlichen Gefilden mit vielen dichten Wäldern herumgedüst, so ändert sich das schlagartig auf der D 117 in östlicher Richtung. Das Klima, die Vegetation wird mediteraner, das Mittelmeer ist schon erschnüffelbar.

Die Temperaturen, die im Vergleich zu jenen in der zurückliegenden Schluchtstrecke deutlich höher liegen, die Oliven-, Maulbeerbäume, Lavendel und Weinstöcke prägen das völlig andere Landschaftsbild.

Zunächst bleibe man bis *St. Paul-de-Fenouillet* auf der D 117 und schleiche sich dort auf die D 619 und kurz darauf auf die D 7 in Richtung *St. Martin*. An dieser Stelle durchbricht der Fluß Agly eine recht hohe Gebirgskette, was zur Folge haben kann, daß der hier durchpfeifende Wind Motorrad samt Fahrer in die Ecke drückt. Eine nur ein paar hundert Meter anhaltende Naturerscheinung, die ganz einfach darin begründet liegt, daß sich hinter dem Gebirgszug das Land hochebenartig ausbreitet, der Durchbruch sehr eng ist und dieses Loch wie eine Düse wirkt. Da hilft nur eines: Ohren anlegen, festhalten und mit Saft und Kraft durch dieses "Miniinferno".

Die Folgestrecke bis Sournia ist traumhaft schön. Der Straßenbelag ist ordentlich und von Verkehr ist kaum was zu spüren (daß es hier Kurven en masse gibt, versteht sich von selbst). Besonders reizvoll auf diesem Hochplateau ist die Landschaft, die geprägt ist von dichter Busch- und niedriger Baumvegetation, die immer wieder von fein säuberlich angelegten Weinbergen durchsetzt ist.

Dies gilt auch für die Strecke nach *Sournia*, der D 619 bis hin zum *Col des Auzines*, von dem man einen ersten Eindruck von dem weiter im Süden liegenden Massif du Canigou erhält. Danach schlängelt sich die Straße durch die mit karger Vegetation bewachsenen Hügel, vorbei an typischen Winzerdörfern wie etwa Trévillach oder Montalba-le-Château, wo man sich für den abendlichen Umtrunk mit Wein eindecken kann.

So richtig zum Austoben sind noch einmal die letzten fünf Kilometer hinunter ins Tal des Têt, wobei man auf den letzten zwei Kilometern höllisch aufpassen muß, denn dort befindet sich zur Linken eine Fabrik, die Steine verarbeitet und die dort umherbrausenden Kiesbomber hinterlassen haufenweise Steinchen auf der Straße, die sich kurvenreich hinunterwindet.

Am Ortseingang von *Ille-sur-Têt* kann man eine besondere Laune der Natur betrachten, den riesigen ockerfarbenen Felszacken, der sich wie eine vielfingrige Hand in den Himmel reckt.

Hier beginnt der Verkehr lebhafter bis chaotisch zu werden, da die N 116 die wichtigste Ost-West-Verbindung von Perpignan nach Andorra und Spanien ist. Man weiche noch im Ort auf die D 615 nach Thuir und Elne aus, von dieser Strecke läßt sich nicht viel interessantes berichten, außer daß man durch ausgedehnte Pfirsich- und Nektarinenplantagen fährt, die immer häufiger von sumpfigen Schilffeldern abgelöst werden, je näher man an das Mittelmeer kommt.

Von Elne sollte man sich dem durchaus als mondän zu bezeichnenden *St. Cyprien-Plage* nähern und den am nördlichen Stadtrand liegenden Campingplatz ansteuern. Selbiger hat den Vorteil, daß er nur durch die Straße nach Canet und einer Häuserzeile vom Strand getrennt ist, d.h. man benötigt nur zwei Minuten, um an den mediteranen Gewässern zu liegen. Der Platz ist sehr ordentlich geführt, die sanitären Anlagen ohne Mangel und der Preis pro Nacht, Nase, Zelt und Zweirad mit 6.50 DM in Ordnung.

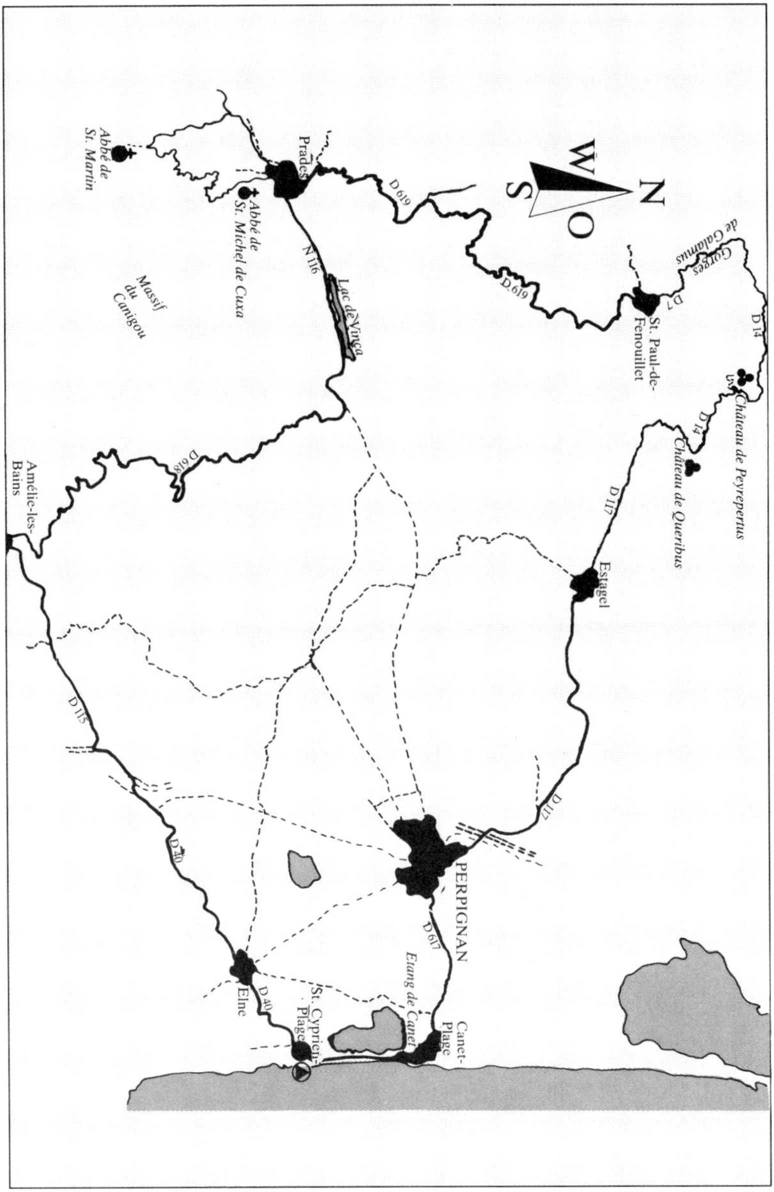
N
O
S
W
Abbé de
St. Martin
Prades
Abbé de
St. Michel de Cuxa
Massif
du
Canigou
N 116
Lac de Vinça
D 619
D 619
Gorges
de Galamus
D 7
St. Paul-de-
Fenouillet
D 14
D 14
Château de Peyrepertus
Château de Queribus
D 117
Estagel
D 117
D 618
Amélie-les-
Bains
D 115
D 40
PERPIGNAN
D 617
Etang de Canet
Canet-
Plage
St. Cyprien-
Plage
Elne
D 40

Rundreise von St. Cyprien-Plage

St. Cyprien-Plage - Le Boulou - Amélie-les- Bains - Rodes - Prades - Sournia - St. Paul-de-Fenouillet - Gorges de Galamus - Maury - Perpignan - St. Cyprien-Plage
Streckenlänge: 246 km

Von St. Cyprien fährt man zunächst durch das breite und fruchtbare Schwemmland entlang dem Fluß Tech bis *Le Boulou*. Auf der Folgesstrecke nach *Ceret* und weiter zum Kurort *Amélie-les-Bains* wird es zunehmend enger, da die Gebirgszüge immer näher rücken und die Straße kurviger wird.
Eigentlich so richtig spannend wird es nach Amélie-les-Bains, wenn man auf die D 618 einbiegt, die sich in zahllosen Kurven und Kehren auf den 646 m hoch gelegenen *Col Fourtou* höchschlängelt, wo man den Blick auf das Massif du Canigou genießen kann.
Ebenso reizvoll ist im Anschluß der Abstieg in eine malerische, enge Schlucht, die *Gorges Boules*, die nicht gerade eine rasante Fahrweise zuläßt, denn die Straße ist ausgesprochen kurvig und sehr schmal. Am Schluchtausgang trifft man auf die N 116, die in Richtung *Prades* teils vierspurig ausgebaut und entspechend flott zu befahren ist.
Zur Abwechslung kann man hier die berühmten Abteien *St. Martin* und *St. Michel* besichtigen. Hierzu ist es nötig, weitere sechs km auf der N 116 bis *Villefranche- de-Conflent*, einer hübschen mittelalterlichen Ortschaft, zu fahren und dort auf die D 116 bis *Vernet-les-Bains* abzubiegen. Von dort beginnt der Aufstieg zur 1000 m hoch gelegenen Abtei St. Martin de Canigou, die man zu Fuß in 45 Minuten bewältigen kann; wem dies zu anstrengend ist, kann mit dem Motorrad fahren, riskiert aber einen deftigen Strafzettel. Es besteht jedoch die Möglichkeit die Abtei von Vernet per Jeep zu erreichen, die wie eine Ritterburg auf einem Felssporn thront und wirklich einen Besuch wert ist.
Danach fährt man auf der D 27, einer ausgesprochen wilde Strecke, zum Col de Milleres, von dem sich die Tour zum *Pic du Canigou* anbietet. Ich möchte hier ausdrücklich betonen, daß diese Fahrt nur für Endurofahrer geeignet ist, da es sich um eine gemeine Schotterpiste handelt, die eine gehörige Portion Erfahrung im Off-Road-Fahren erfordert. Ich habe das Experiment mit einer Tourenmaschine gewagt und bin dementsprechend demontiert zurückgekehrt.

Wildromantische Landschaft

Nach diesem Paß geht es auf einer einigermaßen gut zu befahrenden Straße talabwärts bis man kurz vor Prades direkt auf die Abtei St. Martin zufährt, die durch ihre Anlage mehr an eine Burg als an eine Abtei erinnert.
Für den Besuch in der Abtei muß man mindestens drei Stunden einkalkulieren.
Von Prades fährt man auf der D 619 nach Sournia bis nach *St. Paul-de-Fenouillet*, diese Route deckt sich teilweise mit der, bei der Anreise beschriebenen Route nach Perpignan (siehe dazu voherigen Abschnitt).
In St. Paul überquert man die Rennstrecke D 117 und gelangt zur D 7. Anfänglich scheint diese Strecke noch recht harmlos zu sein, das ändert sich jedoch mit Erreichen der *Gorges de Galamus*, vor deren Einfahrt ein Schild mit der Aufschrift "Danger du Mort" (Lebensgefahr) warnen soll. Die Straße bis zur Schlucht ist kaum wagenbreit und scheint an die steilen Felswände festgeklebt zu sein. Und damit sich die entgegenkommenden Fahrzeuge nicht ins Gehege kommen oder ein Kontrahent seine Fuhre nicht in die tiefe Schlucht versenken muß, sind alle paar hundert Meter Ausweichstellen in den Fels gehauen. Auf der halben Strecke befindet sich zwischen Schluchtsohle und Straßen-

niveau eine sehenswerte Eremitage.
20 km weiter auf der D 14 kann man sich auf die ehemalige Katharer-Burg, die Ruine von *Peyrepertuse*, hochschwitzen. Katharer wird man hier keine mehr finden, die letzten (ca. 200) wurden im Jahre 1244 etwa 100 km weiter westlich auf der Festung Montségur von der barmherzigen katholischen Kirche bzw. dem weltlichen Arm der Inquisition bei lebendigen Leib verbrannt.
Wenige Kilometer weiter befindet sich das traumhaft gelegene Dorf *Cucugnan*, von dem die D 123 in südlicher Richtung zum allerletzten geheimen Schlupfwinkel der Katharer, dem *Château de Quéribus*, führt. Von hier sind es noch acht km bis Maury, anschließend führt die D 117 durch eine hübsche Landschaft zurück in die weite Schwemmlandebene des Têt und Tech nach Perpignan, einer eher spanisch anmutenden Stadt führt.
Perpignan ist die Hauptstadt des Departement Pyrénées-Orientales und auch Zentrum der katalanischen Seperationsbewegung. Von hier kann man St. Cyprien auf der schnelleren N 114 über Elne erreichen oder wer noch Lust und Zeit zum Bummeln verspürt, sollte nach Canet-Plage und von hier die Küstenstraße nach St. Cyprien entlanghoppeln.
Und zuguterletzt der angekündigte Abstecher ins Einkaufs- und Steuerparadies Andorra, der auch in die Anfahrtsroute zum Mittelmeer eingebaut werden kann.

Nach Andorra

St. Cyprien-Plage - Prades - Font-Romeu - Andorra und retour
Streckenlänge: ca. 400 km

400 km sind eine weite Strecke und man muß für diese Tour ungefähr zwölf Stunden einplanen, somit muß man sich früh am Tag aufs Gefährt schwingen.

Von St. Cyprien wählt man am geschicktesten die Strecke über Elne, Thuir ins Têttal zur N 116. Der Abschnitt bis Prades ist bereits bekannt und durch den großzügigen Ausbau flott zu bewältigen. Besonders schön ist der Abschnitt bei Vinça entlang dem gleichnamigen Stausee. Durch das Städtchen Prades wird es etwas mühsam, da es eng und lebhaft zugeht.

Wenn auch die Folgestrecke bis *Mont-Louis* stetig ansteigt und sich mitunter recht kurvenreich durch die immer karger werdene Landschaft hochwindet, läßt sie sich durch den guten Ausbau zügig mit gehörigem Speed fahren.

Mont-Louis ist ein schönes altes Städtchen, das vom berühmten Festungsbauer Vauban zur Festung ausgebaut wurde. Hier muß man unbedingt die Rekonstruktion des ersten Sonnenofens und das dazugehörige Museum besichtigen, in welchem diverse Produkte dieser Anlage zu sehen sind.

Zehn Kilometer weiter, im modernen Wintersportort *Font-Romeu*, respektive dem benachbarten Odeillo, steht das moderne Pendant des ersten Versuchsofens, der Mitte der Sechziger Jahre errichtet wurde. Er besteht aus insgesamt 63 beweglichen Planspiegeln von je 45 qm, die die Sonnenstrahlung auf einen gigantischen Hohlspiegel lenken. Das 40 m hohe und 54 m breite Paraboloid bildet dabei die konkave Fassung der Nordfront eines neungeschossigen Hauses, das allerlei Laboratorien und sonstige Institutionen beherbergt. Der Brennpunkt des Hohlspiegels ist etwa 18 m entfernt. Hier befindet sich auf einem dünnen "Spargel" das Ofenhaus, in dem die gebündelte Sonnenstrahlung Temperaturen bis annähernd 4000 Grad C erreicht. Die maximale Leistung des Ofens geträgt 1100 Kilowatt.

Durch die günstigen klimatischen Bedingungen kann diese Anlage durchschnittlich an 200 Tagen im Jahr betrieben werden und davon entfallen etwa 1200 Stunden jährlich auf Hochtemperaturexperimente, die schon lange das Versuchsstadium hinter sich gelassen haben. Vielmehr ist der Ofen zu einem einzigartigen industriellen Hilfsmittel geworden. Metallkeramik, Untersuchungen auf das Verhalten verschiedenster Werkstoffe

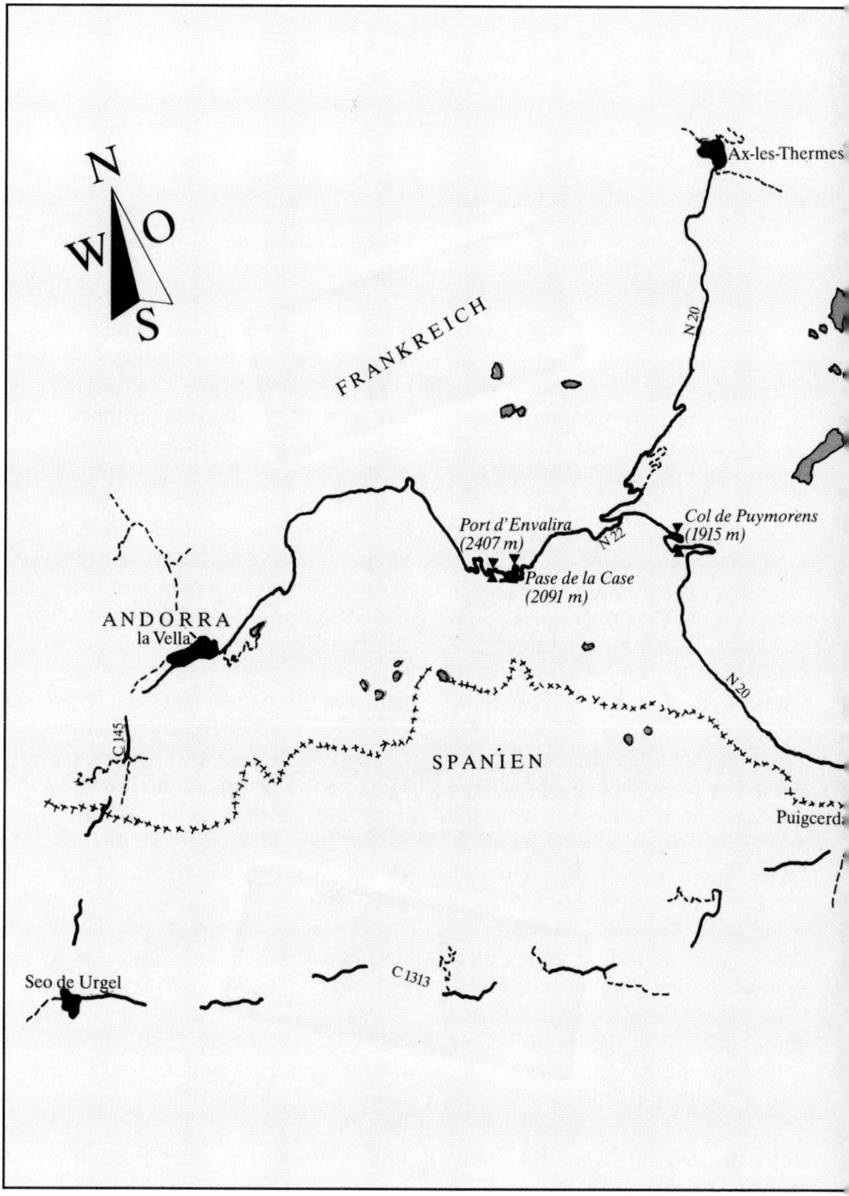
N
W
O
S
FRANKREICH
Ax-les-Thermes
N 20
Port d'Envalira
(2407 m)
N 22
Col de Puymorens
(1915 m)
Pase de la Case
(2091 m)
ANDORRA
la Vella
N 20
C 145
SPANIEN
Puigcerd
Seo de Urgel
C 1313

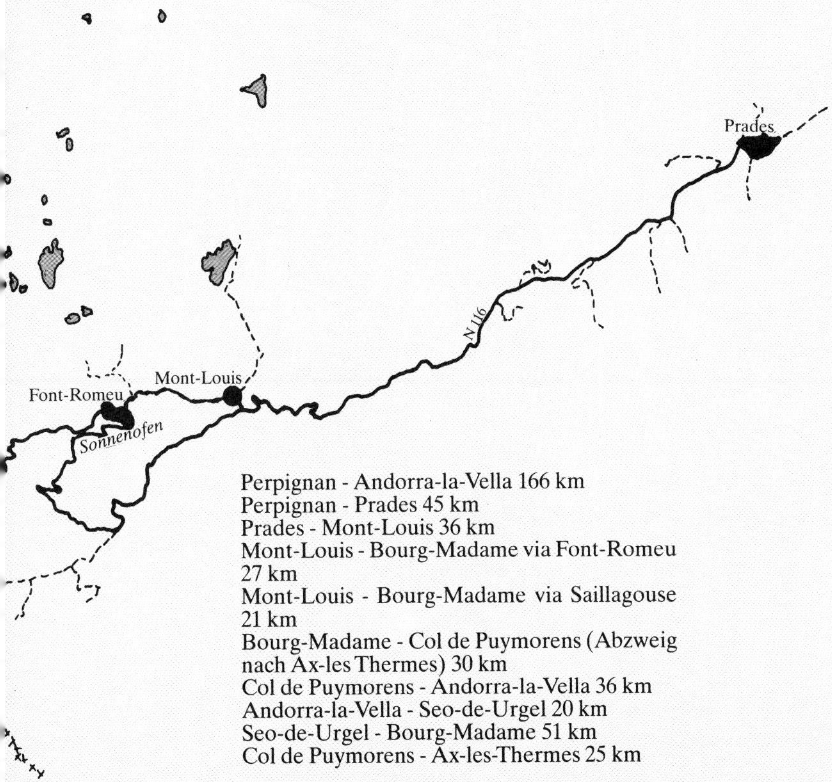

Perpignan - Andorra-la-Vella 166 km
Perpignan - Prades 45 km
Prades - Mont-Louis 36 km
Mont-Louis - Bourg-Madame via Font-Romeu 27 km
Mont-Louis - Bourg-Madame via Saillagouse 21 km
Bourg-Madame - Col de Puymorens (Abzweig nach Ax-les Thermes) 30 km
Col de Puymorens - Andorra-la-Vella 36 km
Andorra-la-Vella - Seo-de-Urgel 20 km
Seo-de-Urgel - Bourg-Madame 51 km
Col de Puymorens - Ax-les-Thermes 25 km

unter Hitzeeinwirkung etc. stehen auf dem Forschungsprogramm.
Von hier führt die Straße in vielen Kehren hinunter bis *Ur*, wo man die D 20 erreicht, die durch eine sehr karge Landschaft führt und vom Verlauf zumindest bis zum Aufstieg zum *Col de Puymorens* sehr eintönig wirkt. In wilden Kurven und Kehren quält sich das Motorrad hinauf auf die 2000 m hoch gelegenen Paßhöhe. Sanft ansteigend geht es danach weiter zum 2091 m hohen *Pas de la Case*, von hier führt die Strecke kräftig aufwärts zum höchsten Übergang der Pyrenäen, dem 2407 m hohen *Port d'Envalira*, um auf weiteren 30 km in die Hauptstadt Andorra hinabzusteigen.
Die romatischen Vorstellungen, die manch einer mit *Andorra* in Zusammenhang bringt, werden durch die unzählbaren Supermärkte und andere Geschäfte stark relativiert. Zu Spottpreisen werden hier Stereoanlagen, Kameras, TV-Geräte, Radios und dergleichen mehr angeboten. Sofern die Reisekasse dies noch zuläßt, kann man sich dem Kaufrausch voll und ganz hingeben.
Ansonsten bietet dieser Zwergstaat in den Pyrenäen großartige Wintersportmöglichkeiten und im Sommer ist es ein ideales Gebiet, um herrliche Wanderungen in der wilden Gebirgslandschaft zu unternehmen.
Die Rückreise läßt zwei Möglichkeiten zu. Entweder man fährt über spanisches Territorium nach *Seo de Urgel* zum Grenzübergang *Puigcerda* oder aber man nimmt die anspruchsvollere Strecke bis Ur und von dort aus zur N 116 nach *Bourg-Madame* fährt, weiter auf der gut ausgebauten, kurvigen Strecke über Saillagouse nach Mont-Louis und zurück auf den verschiedenen beschriebenen Routen nach St. Cyprien-Plage.

Heimreise

Leider vergehen die Urlaubstage immer wie im Fluge und man muß sich ein paar Gedanken über die Heimreise machen.
Wenn die Zeit drängt, fährt man von Perpignan aus am geschicktesten zur N 9 in Richtung Narbonne/Béziers.
Wer sich die Urlaubsstimmung noch ein bißchen bewahren möchte, der wähle die D 627, die in unmittelbarer Küstennähe und ab Port-Barcarès bis Port-Leucate fast wie ein Damm zwischen dem Meer und dem riesigen Etang de Leucate entlangführt. In Caves erreicht man die bereits erwähnte N 9, die grob gesehen in ihrem ganzen Verlauf eine interessante und abwechslungsreiche Rennstrecke ist.

An dieser Stelle möchte ich denjenigen, die eine gemütlichere Heimreise vorziehen und noch ein bis zwei Tage Zeit erübrigen können, einen kurzen Trip durch die Camargue vorschlagen.
Wem dies zeitlich nicht mehr möglich ist, der bleibe ab Avignon auf der N 86 und fahre bis zum historischen Städtchen Pont St. Esprit, wechsle dort am geschicktesten auf die linksseitige N 7 und düse so schnell wie möglich bis Valence, da dieser Abschnitt, außer einem schnellen Vorankommen nichts zu bieten hat.
Von Valence aus weitere Rückfahrtsmöglichkeiten zu beschreiben, erscheint mir überflüssig, da die beschriebenen Anfahrtswege genügend Alternativen bieten, so daß man mit der Qual der Wahl, zumindest bis Basel, sich so den einen oder anderen Weg zurecht basteln kann.

Fischeinkauf in den Markthallen – ein Erlebnis

Kleiner Sprachführer

air	Luft
auberge, la	Gasthaus, Herberge
auberge de la jeunesse	Jugendherberge
baguette	Stangenweißbrot
Beaux arts, les	schöne Künste
belvédère, le	Aussichtspunkt
boules, les	Kugelspiel („Boccia")
Cabane	Camarguehütten (d. Hirten)
cascade, le	Wasserfall
centre, le	Zentrum
chaîne, la	Kette (Gebirgs-)
château, le	Schloß
chèvre	Ziegenschafskäse
cimetière, le	Friedhof
circuit, le	Rundweg
corniche, la	Straße um einen Bergrücken
domaine, la	Gut
donjon, le	Glocken-, Wachturm
eau	Wasser
église, la	Kirche
ermitage, le	Einsiedelei
essence	Benzin
étang, le	Teich in Lagunenlandschaft
ferme, la	Bauernhof
feu, le	Ampel, Feuer
gare, la	Bahnhof
gorge, la	Schlucht
grand	groß
grothe, la	Höhle
herbes, les	Kräuter
histoire, la	Zeitgeschichte
hôtel de ville	Rathaus
huile	Öl
île, la	Insel
jardin, la	Garten
jeunesse, la	Jugend
lac, le	See

lumière, la	Licht
mairie, la	Bürgermeisteramt
maison, la	Haus
midi, le	Mittag, Süden Frankreichs
mont, le	Berg
montagne, la	Gebirge
montée, la	Auffahrt
pain, le	Brot
palais, le	Palast
petit	klein
plage, la	Strand
police, la	Polizei
pont, le	Brücke
quartier, le	Stadtviertel
sable, le	Sand
savon, le	Seife
saucisson, le	Wurst
source, le	Quelle
vallée, la	Tal
vieux, vieil, vieille	alt
village, le	Dorf
ville, la	Stadt
vin, le	Wein
le martin	Morgen, morgens
l'après midi	Nachmittag

Redewendungen

bonjour	guten Tag
bon soir	guten Abend
au revoir	Adieu
excusez moi	Entschuldigung
s'il vous plaît (s.v.p.)	bitte
pardon?	wie bitte?
parlez vous	sprechen Sie
anglais	englisch
allemand	deutsch
italien?	italienisch?

je ne comprend pas	nix verstehen
non	nein
oui	ja
où	wo
quand	wann
combien	wieviel
pourquoi	warum
et	und
ou	oder
merci	danke
pouvez-vous	können Sie
est qu'il y a	können wir haben
une place pour la tente	einen Platz für das Zelt
une chambre	Zimmer
de l'eau	Wasser
des boissons	Getränke
quelque chose à manger	etwas zu essen

Man sucht was

ou se trouve:	wo ist:
la gare	der Bahnhof
la banque	die Bank
un café	ein Café
un auberge de la jeunesse	eine Jugendherberge
l'église	die Kirche
le palais	der Palast
le parc	der Park
le bureau de poste	die Post
la mairie (l'hôtel de ville)	das Rathaus
le château	das Schloß
la gorge	die Schlucht
centreville	das Stadtzentrum
les toilettes?	Toiletten?

Auf dem Campingplatz

douche, la	Dusche
petit déjeuner, le	Frühstück
nous restons	wir bleiben
un jour	einen Tag
quelque jours	einige Tage
une semaine	eine Woche
un moix	einen Monat
dix années	zehn Jahre
à quelle heure fermez-vous?	wann schließen Sie?
tente, la	Zelt
marteau, le	Hammer
l'addition, s.v.p.	die Rechnung bitte

Wortschatz allgemeiner Orientierung

où se trouve	wo ist
la route de	die Straße nach
l'autoroute	die Autobahn
la route nationale?	die Nationalstraße?
tour droite	geradeaus
tourner à gauche	links ab
tourner à droite	rechts ab
c'est pas là	das ist nicht hier
jusqu'au feu	bis zur Ampel
la première rue à gauche (droite)	die erste Straße links (rechts)
(deuxième, troisième, quatrième)	(zweite, dritte, vierte)
le carrefour	Kreuzung
passage interdit	Durchfahrt verboten
danger de mort	Lebensgefahr
attention	Vorsicht
déviation	Umleitung
interdit de doubler	Überholen verboten
stationement interdit	Parken verboten
passage protegée	Vorfahrtstraße

Wortschatz wenn es mal klemmt

aidez-mois s.v.p.	bitte helfen sie mir
appellez s.v.p....	rufen Sie bitte...
un docteur	Arzt
la police	Polizei
une ambulance	Rettungswagen
l'accident	Unfall
le garage	die Werkstatt
puis je téléphoner?	kann ich anrufen?
je suis en panne	ich habe eine Panne
où se trouve un mécanicien?	wo ist ein Mechaniker?
le pneu	Reifen
ne marche pas	geht nicht
ne functionne pas	funktioniert nicht
est cassé	ist kaputt/gebrochen
les freins	Bremsen
les vitesses	Schaltung
l'embrayage	Kupplung
le dynamo	Lichtmaschine
l'allumage	Zündkerze(n)
le point d'allumage	Zündzeitpunkt
le guidon	Lenker
la lumière	Licht (allgemein)
allumer les phares	(Auto-)Beleuchtung anstellen
le système de refroidissement	Kühlung
le carburateur	Vergaser
le démarreur	Anlasser
le distributeur	Verteiler
le clignotant	Blinker
devant, derrière	vorn, hinten
l'huile	Öl

Wenn's beim Fahrer klemmt

il me faut un médecin	ich brauche einen Arzt
je suis malade	ich bin krank
je suis trop gras	ich bin zu dick
j'ai	ich habe
des frissons	Schüttelfrost
mal à la tête	Kopfweh
de la fièvre	Fieber
un abcès	Geschwür
des crampes	Krämpfe
une insolation	Sonnenstich
examiner	untersuchen
cassé	gebrochen
froissé	gezerrt
j'ai très mal aux dents	Zahnschmerzen

Und wer noch was einkaufen will

pharmacie, la	Apotheke
boulangerie, la	Bäckerei
grand magazin, le	Kaufhaus
boucherie, la	Metzger (Rind)
charcuterie, le	Metzger (Schwein, Wurst)
gendamerie, la	Polizei
cordonnerie, la	Schuster
dentiste, la	Zahnarzt
garage, le	Werkstatt
laverie, la	Waschsalon
ça fait combien	das kostet
un livre	ein Buch
la chemise	Hemd
le pentalon	Hose
une carte (géographique)	Landkarte
du sparradrap	Pflaster
guide	Reiseführer
du savon	Seife
du shampooing	Haarwaschmittel
de la crème solaire	Sonnencreme
un plan de ville	Stadtplan
une montre	Uhr
des contraceptifs	Verhütungsmittel
est qu'il y a	gibt es?

Mit dem Motorrad in Südfrankreich

Tips und Streckenbeschreibungen von Irina Kerl und Wolfgang Kühner

„Nur Reisen ist Leben, wie umgekehrt Leben Reisen ist.“ Diesen Aphorismus von Jean Paul könnte man der Lektüre des Motorrad-Reiseführers von Wolfgang Kühner und Irena Kerl voranstellen. Denn dieses Buch platzt vor Leben, läßt die „herbes de Provence“ fast riechen – läßt die zum Teil versnobte Lieblichkeit der Côte d'Azur in bildhafte Konkurrenz mit der herben Schönheit der Seealpen treten.
Eine „hommage“ an bestehende Reiseführer: Die bekannten Anfahrtswege blieben nicht unberücksichtigt. Dennoch Ziel und Zweck dieses Buches bleibt die Beschreibung von Touren und Rundfahrten in der Camargue, Provence, den Seealpen und der Côte d'Azur. Hier findet man daher eher Ausflugsziele wie Wasserfälle, tiefe Schluchten, schöne Panoramastraßen und Paßhöhen.

Ein Reisebuch für Motorradfahrer
160 Seiten, zahlreiche Fotos und Karten, Preis 17,80 DM,
ISBN 3-924852-07-3

Mit dem Motorrad in Norditalien

von Wolfgang Kühner

160 Seiten
zahlreiche Karten und Fotos
ISBN 3-924852-09-X
Herbst 1987

Norditalien – von den Alpen bis zu den Dolomiten – ist ein Paradies für Motorradfahrer, die Spaß an Kurvenfahrten und Paßstrecken haben.

MIT DEM
MOTORRAD IN
NORDITALIEN

FRANKREICHBÜCHER AUS DEM V

KORSIKA – INSEL DER GEGENSÄTZE

Ein ausführlicher Reiseführer, der Korsika nicht den gängigen Klischees entsprechend als „Insel der Schönheit" beschreibt, sondern als „Insel der Gegensätze". Gegensätze werden aufgezeigt in Bezug auf Kultur, Geschichte, Politik und Landschaft. Gegensätze, die näher betrachtet, einen Korsika-Urlaub erst reizvoll machen.

272 Seiten, zahlreiche Fotos und Karten, Preis 28,- DM,
ISBN 3-924852-03-0

„Ein Buch für Reisende, die sich nicht mit oberflächlichen Reisebeschreibungen begnügen wollen."

PARIS – EIN KULINARISCHER REISEFÜHRER

Detailliert wird die Metropole Paris auf 256 Seiten und 50 herrlichen Farbfotografien dargestellt. Daüberhinaus erhält der Leser reichhaltige Informationen über Restaurants und Cafés, die von französischen Experten unabhängig getestet wurden.

ISBN 3-924852-28-6, 32,80 DM, Dezember 1987

WANDERN IN DEN PYRENÄEN
Ein Wanderführer von Kev Reynolds

Dieser Wanderführer – die ideale Ergänzung zu den beiden Reiseführern „Die französischen Pyrenäen" und „Die Spanischen Pyrenäen" – stellt die schönsten Wandergebiete in den Pyrenäen dar. Auf etwa 250 Seiten werden Wanderrouten aller Schwierigkeitsgrade beschrieben, natürlich wird der berühmte Höhenwanderweg H.P.R. berücksichtigt.

ISBN 3-924852-25-1, 32,80 DM, Dezember 1987

Raum für Notizen

Raum für Notizen

30 km
F R A N K
S P A N I E
INEOS OCCIDENTAL
PIRINEO
Tartas
Adour
St. Sever
Aire-s.-l' Ardour
Auch
Dax
Orthez
Miélan
Castelna Magnoac
Pau
Tarbes
Cambo-les-Bains
St. Palais
Oloron-Ste. Marie
Lannemezan
Mauléon-Licharre
Saint Jean-Pied-de-Port
Elizondo
Lourdes
Bagnères
Pic du Midi de Bigorre 2872
Laruns
Arreau
Larrau
Cauterets
Luz-St. Sauveur
Pic du Midi d'Ossau 2884
PARC NATIONAL DES PYRENÉES
Bagnères-de-Luchon
Escároz
PAMPLONA
PARQUE NACIONAL DE ORDESA
Hecho
Bielsa
Lumbier
Broto
Jaca
Sangüesa
Sabiñánigo
Ainsa
Santa Maria
Aragón
Caparroso
Sádaba
Ayerbe
Graus
El Grado
Huesca
Alfaro
Ejea de los Caballeros
Gállego
Barbastro
Tudela
Ebro
Monzón
Binéfar
Zuéra
Tarazona
Sariñena
Alcubierre
Cinca
ZARAGOZA
A 64
A 68
A 2

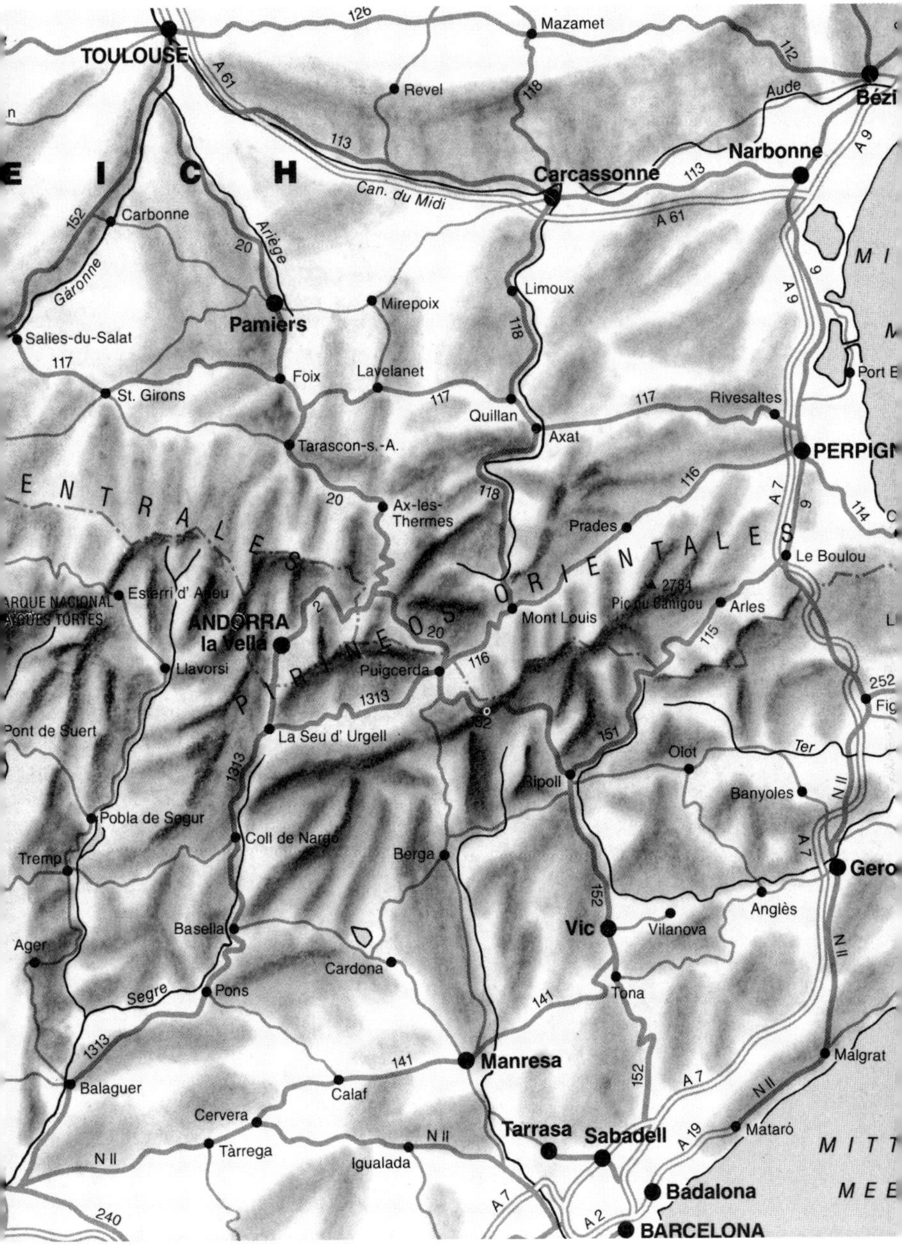
TOULOUSE
Mazamet
Revel
Béziers
Narbonne
Carcassonne
Can. du Midi
Aude
Carbonne
Ariège
Garonne
Pamiers
Mirepoix
Limoux
Salies-du-Salat
Foix
Lavelanet
St. Girons
Quillan
Axat
Rivesaltes
Port B
Tarascon-s.-A.
PERPIGN
Ax-les-Thermes
Prades
Le Boulou
Esterri d' Aneu
ANDORRA la Vella
Mont Louis
Pic du Canigou
2784
Arles
Llavorsi
Puigcerda
Pont de Suert
La Seu d' Urgell
Olot
Ter
Ripoll
Banyoles
Pobla de Segur
Coll de Nargo
Tremp
Berga
Gero
Anglès
Basella
Vic
Vilanova
Ager
Cardona
Segre
Pons
Tona
Manresa
Malgrat
Balaguer
Calaf
Cervera
Tàrrega
Igualada
Tarrasa
Sabadell
Mataró
Badalona
BARCELONA
E I C H
E N T R A L E S
P Y R É N É E S O R I E N T A L E S
ARQUE NACIONAL AIGUES TORTES
MI
MITT
MEE
126
112
113
118
A 61
A 9
9
152
20
117
116
114
A 7
2
115
1313
252
151
N II
141
A 19
A 2
240

INDEX

ISBN 3-924852-07-3
16,80 DM
160 Seiten

Mit dem Motorrad in den schönsten Regionen Südfrankreichs

- Carmague
- Provence
- Seealpen
- Cote d'Azur
- ein- bis dreitägige Rundfahrten
- Panoramastraßen
- Paßhöhen

MIT DEM MOTORRAD IN SÜDFRANKREICH

Tips und Streckenbeschreibungen

Erster Spezialreiseführer durch Südfrankreich mit den schönsten Routen und Anfahrtswegen für Motorradfahrer. Zahlreiche Karten und Fotos.